AF554248

LE

CRI D'ALARME

VÉRITÉ ET JUSTICE A TOUS

Appel à l'union et au dévouement patriotique

HAINE ET VENGEANCE SANS LIMITES
CONTRE L'ÉTRANGER

PAR UN PATRIOTE SINCÈRE ET DÉVOUÉ.

> Une grande nation, libre et digne de l'être, ne peut être vaincue! Un grand peuple, résolu à mourir pour échapper à la honte, ne meurt pas : il renaît à la vie ou se transforme s'il est mourant!

PAR

J.-B.-C. PINSOLO

Vendu au bénéfice des victimes de la guerre, du département du Rhône

---

Prix : 1 fr. 60 c.

LYON
IMPRIMERIE D'AIMÉ VINGTRINIER
Rue de la Belle-Cordière, 14

1871

AUX LECTEURS

CHERS LECTEURS,

Ceci est une tempête de l'âme, un pêle-mêle successif et répété de rafales, de pluie, de grêlons, d'éclairs et de tonnerre! c'est une éruption volcanique du cœur dont la lave bouillonnante entraîne avec elle les matières enflammées, les cendres brûlantes et les scories incandescentes du cratère! N'y cherchez donc ni facture, ni ordonnance, ni correction, ni atticisme littéraire.

Celui qui l'a écrit a plus l'habitude de l'outil, qu'il a manié sans cesse pendant plus de quarante ans, que de la plume dont il ne s'est servi, jusqu'ici, que pour les besoins usuels de la vie. Et puis, le temps de coordonner les idées lorsqu'elles se pressent à briser le crâne, pour en sortir en masse toutes à la fois; le temps d'harmoniser les phrases, d'arrondir les périodes, de retrancher les redites, de corriger les barbarismes et d'éplucher les mots, lorsque la patrie en danger vous laisse à peine le temps de crier : Aux armes! N'y cherchez pas non plus, ni une pensée d'éloge, ni une intention de blâme préconçus et en dehors de ce que je crois vrai, juste et patriotique. Mon cœur n'a de blâme et de haine que pour le mal et ses fauteurs, de sympathie et d'éloge que pour le bien et les nobles âmes qui lui sont dévouées.

Voyez-le donc tel qu'il est : un cri d'alarme et de douleur, de haine et de vengeance, de crainte et d'espérance, d'un homme inconnu, mais dévoué à son pays corps et âme; et qui sera heureux si ce cri déchirant, mais non désespéré, trouve de l'écho dans l'âme de quelque citoyen réfractaire à la défense de la patrie !

Lyon, 20 novembre 1870.

LE CRI D'ALARME

CHAPITRE PREMIER.

Bazaine! cet ignoble laquais d'un maître infâme! Bazaine, le voleur et l'assassin des patriotes du Mexique! Bazaine et ses misérables acolytes, dignes émules du maître! Bazaine a livré notre armée à l'ennemi! Et bien! après une larme amère de regret pour la perte de nos pauvres soldats, réjouissons-nous d'être délivrés d'une nuée de reptiles venimeux dont la patrie n'aura plus à redouter la morsure mortelle! Cent trente mille Français se sont laissé vendre à l'ennemi, comme un troupeau de moutons, par ces traîtres, sans leur broyer le crâne entre deux pierres!..

Tant pis pour ces malheureux, peu dignes du nom Français; nous vaincrons sans eux; et la postérité dira qu'ils étaient de l'armée de Metz!.. comme elle dira qu'ils étaient de l'armée de Sedan; les autres, non moins malheureux, qui n'ont pas écrasé, sous le talon de leurs souliers, la tête de l'être immonde qui les a trahis!

Ne nous laissons pas abattre! élevons notre dévouement et notre énergie à la hauteur du péril!

Le destin nous accable, fatiguons le destin et nous le vaincrons !

Qu'est-ce, après tout ? deux cent mille hommes de plus à combattre ? Eh bien, tant mieux ! La France, qui n'a jamais compté le nombre de ses ennemis, n'en sera que plus grande après le triomphe ! Mais, hâtons-nous, le temps presse, et chaque minute perdue peut coûter une vie d'homme à la patrie.

Ne gaspillons donc pas, en discours inopportuns, inutiles ou dangereux, un temps précieux que nous devons aux combats et au salut du pays !

Oui ! lorsque l'étranger fait piétiner ses chevaux dans le plus pur de notre sang et broie sous les roues de ses chars les cadavres des enfants de la France morts héroïquement pour la défendre, c'est un crime d'user le temps en discussions oiseuses et stériles ! Vingt années de despotisme abrutissant auraient-elles tari en nous la source de tous les sentiments nobles et grands qui ont toujours été le fond de notre caractère : l'héroïsme et le dévouement ? Serions-nous descendus aux mœurs byzantines ? et, comme les Grecs du bas-empire, nous nous disputerions, sur des théories plus ou moins folles, pendant que l'ennemi tourne et retourne sa dague homicide dans la poitrine de la France, cherchant à lui atteindre le cœur ? Est-ce le temps de faire valoir sa vanité et ses prétentions, quand Paris étouffe dans un cercle d'acier qui menace de briser ce vaste cerveau de la civilisation du monde, et d'arrêter les battements de ce cœur immense, dont les pulsations puissantes font circuler la vie intellectuelle et morale dans l'univers, qui s'étiolerait sans elles ? Non ! non ! ce n'est pas l'heure de discuter, c'est l'heure de vaincre ou de mourir en combattant ! Courons donc tous aux armes comme un seul homme !

Puis, lorsque nos envahisseurs féroces auront disparu jusqu'au dernier dans les entrailles de notre sol, qu'ils souillent, et qui s'entrouvrira pour les engloutir !..

Alors, si le malheur, le danger et la lutte commune ne nous ont pas animés des mêmes sentiments, du même amour et du même dévouement pour la liberté, la fraternité et la justice, alors nous discuterons, et le suffrage universel jugera en dernier ressort et décidera en souverain. Mais, maintenant, à moins de trahir honteusement ses devoirs les plus sacrés, tout le monde doit son concours énergique et dévoué à la République, qui peut seule sauver la Patrie !

Oh ! que je voudrais avoir l'éloquence d'un orateur, pour communiquer à l'âme de mes concitoyens la tourmente qui convulsionne la mienne d'indignation et de colère, de mépris et de dégoût pour les lâches et les traîtres, de reconnaissance et d'amour pour les hommes de cœur qui se dévouent à la patrie !

Que je voudrais avoir le talent d'un écrivain, pour peindre, en caractères de feu, tout ce qui bouillonne en moi de sentiments patriotiques, pour glorifier les vaillants, pour enflammer les tièdes, pour donner du courage aux lâches, pour ramener au devoir ceux qui abandonnent le pays ! et, à défaut de talent, je voudrais que ma plume fût une pointe d'acier, rougie au feu de l'indignation de tous les honnêtes gens, pour flétrir et stigmatiser tous les égoïstes et tous les orgueilleux sans cœur, qui sacrifient le pays à leur couardise, à leur sotte vanité, à leurs sordides intérêts et à leur lâche ambition !

Je dirais aux hommes dévoués, avec toute la gratitude civique qui inonde mon âme : Vous, travailleurs intelligents et laborieux, de l'agriculture, du commerce et de l'industrie, vous tous qui n'avez que votre travail pour vous faire vivre, vous et les vôtres, et qui faites généreusement crédit de ce travail au pays, pour courir défendre la patrie, honneur et gratitude éternels à vous. Vous, pionniers de la littérature, des sciences, des arts et de la magistrature, qui n'avez que votre plume, vos expériences et vos études pour vous faire une position honorable, pour vous et les vôtres, et qui faites crédit au pays de votre avenir, pour courir défendre la patrie, honneur et gratitude éternels à vous. Vous, bourgeois, commerçants, industriels et rentiers, qui vivez dans le bien-être, vous, négociants, financiers et propriétaires opulents, qui êtes accoutumés au luxe et à la bonne chère, et qui faites crédit au pays de toutes les douceurs de la vie et courez endurer les fatigues et les privations, pour défendre la patrie, honneur, gloire et gratitude éternels à vous tous ; et que vos noms soient glorieusement inscrits, en caractères ineffaçables, dans les fastes de la patrie reconnaissante !

CHAPITRE II.

A ceux qui désertent le pays, les poches pleines d'or, pour aller digérer et dormir tranquilles à l'étranger, laissant le soin de défendre leurs biens aux citoyens qui sacrifient tout à la défense de la patrie, je dirais : la fortune qui vous fournit les moyens d'aller vivre loin du danger, vous la devez au pays, vous ou vos antécédents, et vous devriez rougir de honte de la dépenser à l'étranger, lorsque le pays a besoin du secours de tous ses enfants.

Votre vie, que vous allez enfouir loin des lieux où vous l'avez reçue, vous la devez au pays qui vous l'a donnée et en a pris soin sous mille formes et de mille manières, et c'est une lâcheté insigne de vous soustraire à la défense du pays, lorsque tous les hommes de cœur lui font le sacrifice de leur fortune et de leur vie. Venez donc prendre un fusil et courrez vous joindre à tous ces généreux citoyens, pour défendre la patrie.

C'est une dette sacrée que votre mère a contractée en vous donnant le jour; c'est un billet à ordre qu'elle a souscrit alors pour vous et que vous avez endossé en vivant et en vous enrichissant sur le sol natal.

L'échéance est arrivée, et ce serait une honte et une infamie, pour vous et pour la mémoire de votre mère, si vous vous laissiez protester, si vous ne payiez pas votre dette à la patrie!

Venez donc, venez, et si, comme moi, vous êtes vieux et n'avez pas la force de la vie active... eh bien! nous encouragerons nos héroïques défenseurs, et nous les consolerons et les soignerons s'ils ont le malheur d'être blessés!

CHAPITRE III.

Aux lâches je dirais : Tous les animaux ou presque tous, faibles ou forts, armés ou désarmés, tous défendent énergiquement leur vie, leur femelle et leur progéniture, jusqu'à la mort, contre tout ennemi qui les menace; cet ennemi fût-il cent fois plus fort qu'eux.

Et vous qui êtes le roi de la création, vous qu'on a fait à l'image de Dieu, vous qui êtes gratifié d'un rayon lumineux de la divinité, vous qui avez une âme intelligente et libre et qui pouvez vous défendre avec des armes aussi redoutables que celles de l'ennemi, vous trembleriez comme le plus faible des animaux sans défense! Vous n'auriez pas le courage du coq, qui se laisse déchirer par les serres du faucon, pour laisser le temps à ses femelles de se sauver? vous n'auriez pas le dévoûment de la poule, qui se fait tuer pour défendre ses petits? vous n'auriez pas le courage ou l'instinct de conservation et de défense de la fourmi, qui mord le sabot de l'éléphant qui lui a pris la patte? et vous laisseriez outrager et égorger votre fille? et vous laisseriez souiller et massacrer votre femme? et vous laisseriez brûler votre maison? et vous vous laisseriez tuer sans défense? Mais vous n'avez donc pas du sang dans les veines? vous n'avez donc pas de cœur dans la poitrine? vous n'avez donc pas d'intelligence dans le cerveau? Mourir pour mourir, mieux vaut mourir en se défendant avec énergie, avec désespoir! On a la chance de vaincre et de vivre ou au moins celle de faire payer chèrement sa vie à l'ennemi!

Prenez exemple de votre voisin de la mansarde, qui n'a ni femme, ni enfant, ni maison, ni biens à défendre, et qui s'apprête à défendre la patrie avec l'impétuosité et l'énergie du lion! mais ne comptez pas sur le dévoûment et les sacrifices de vos concitoyens, pour être défendu, ce n'est ni juste ni raisonnable; car, s'ils voient que vous voulez vous soustraire aux dangers et aux sacrifices de la défense commune, ils feront comme vous, et, de proche, en proche tout le monde fera de même, et la patrie sera perdue.

Et vous, qui aurez cru vous mettre en sûreté, vous serez peut-être le premier massacré ; et, pour sûr, vous serez ruiné et déshonoré avec tout le monde !

Prenez donc un fusil et courez défendre la patrie !

CHAPITRE V.

Aux tièdes je dirais : Ne vous laissez pas refroidir, ne vous engourdissez pas, vous tomberiez dans le découragement et dans la torpeur ! Voyez votre voisin, avec quelle anxiété il est en quête de nouvelles, avec quelle ardeur il court aux armes, à la voix du clairon ; avec quelle impétuosité il s'élance où il croit le danger, à la moindre alerte ! Ah ! c'est que la fièvre sainte du patriotisme a envahi son cerveau et son cœur. Tandis que vous, vous ne faites votre devoir que par raison. Votre tête est encore froide, votre pouls est trop calme, vos artères battent à peine un peu plus vite, comme si votre cœur ne battait un peu plus fort que sous l'influence de vos intérêts privés !

Il faut mieux que ça ! il faut le feu sacré de l'enthousiasme patriotique ! Pour cela, il faut embraser son cœur et son âme de tout ce que la patrie réveille en nous de souvenirs, de passions et de sentiments affectueux, nobles et grands ! Il faut se rappeler que la patrie comprend l'origine, le passé, le présent et l'avenir de toute la grande famille française, dont chaque individu n'est qu'une fraction infinitésimale qui a plus ou moins de valeur, selon la position qu'elle occupe et la fonction utile qu'elle remplit dans la numération sociale.

Donnez à votre fraction une fonction utile, une valeur majeure, en la confondant sans réserve avec la puissance numérique de tous. Négligez un peu, pour le moment, votre intérêt personnel, qui n'est que l'étincelle qui s'éteint sans force, si elle se détache du courant électrique de la nation. Faites du salut du pays votre passion dominante !

CHAPITRE V.

Je dirais aux alarmistes : Vous semez l'anxiété et l'inquiétude, vous soufflez la crainte et l'épouvante, vous propagez le découragement et l'abattement parmi les bons citoyens ; vous faites baisser le niveau du dévoûment et de l'énergie nationale ! Vous jetez criminellement la nation dans l'apathie et le marasme ! Vous dites que nous sommes dans la débâcle, dans le gâchis, que tout est désorganisé, qu'on ne fait rien, que nous n'avons plus d'armée, que nous n'avons ni armes, ni munitions pour en former une, et que nous sommes dans l'impossibilité de nous défendre. Vous n'êtes que des oiseaux de mauvais augure ! la débâcle c'est la mort de l'empire, que vous regrettez peut-être, et l'enfantement de la République que vous n'aimez pas, sans doute.

Le gâchis, c'est l'empire qui l'a fait, et ce sont ses créatures et ses suppôts intéressés qui cherchent à le continuer, et dont la République se débarrasse le plus qu'elle peut. Ce que vous appelez désorganisation, c'est ce que les bons citoyens appelent organisation, qui ne peut se faire dans deux jours, lorsque cinq ans n'ont pu suffire à ceux que vous regrettez pour être prêts.

Si vous trouvez qu'on ne fait pas assez, mettez la main à la pâte ! apportez à la République le concours de votre intelligence, de votre force et de vos moyens. Si nous n'avons pas d'armée, alignez-vous à côté des citoyens dévoués pour en former une.

Si nous manquons d'armes et de munitions, donnez de l'argent, donnez une part du bien-être que vous devez à la France pour en acheter. Au lieu de dire, lâchement ou criminellement, que nous ne pouvons pas nous défendre, faites comme font tous ceux dont la fibre française et patriotique tressaille, vibre et se convulsionne dans leur sein, en pensant aux dangers de la patrie !

Faites comme tout le monde, prenez un fusil, et,

à défaut, une fourche, une faux, une hache ou un couteau, tout est bon pour qui a du cœur! Ne restez pas spectateur impassible, comme si la défense du pays ne vous touchait pas, comme si vous étiez étranger à la chose publique! ou je vous dirais : Vos propos alarmants, votre attitude passive et indifférente, regardant faire les autres comme vous regarderiez couler l'eau de la rivière, dénoncent en vous ou un imbécile, un idiot, un fou ou un infâme sans cœur, un traître vendu à la réaction ou à l'étranger, choisissez!

CHAPITRE VI.

Et vous, égoïstes? vous dites que la République est impossible, qu'elle ne peut pas tenir, qu'il faut un maître, que les républicains, en se disputant le pouvoir, entretiendraient toujours l'agitation et le désordre, qui ruineraient le commerce et l'industrie; et dans votre grande sollicitude patriotique, pour la prospérité de votre profession, vous rêvez une restauration quelconque; peu vous importe, pourvu que vous espériez faire vos petites affaires. Vous ne seriez peut-être pas fâchés que l'ennemi triomphe pour assurer ce que vous appelez l'ordre et la tranquillité, c'est-à-dire, pour vous assurer la chance du lucre, car pour vous la patrie ne s'étend pas au-delà de vos mesquins intérêts.

Et bien! vous n'êtes que des sots égoïstes, qui vous faites l'écho des ennemis de la chose publique.

La République n'est pas et ne peut être une faction turbulente d'ambitieux, comme vous le font croire les fripons et les traîtres intéressés à sa ruine.

La République c'est tout le monde : c'est vous, c'est moi, c'est votre voisin et le mien. La République c'est la France se gouvernant elle-même, pour elle et pour elle seule ; de la même manière que vous gouvernez votre maison, votre ferme, votre boutique, votre atelier, votre comptoir ou votre fabrique.

La République, c'est le suffrage universel choisissant les hommes honnêtes, dévoués et capables d'administrer et de gouverner le pays ; comme vous choisissez votre ouvrier, votre contre-maître, votre employé et votre caissier; tous gens que vous changez quand ils ne font pas votre besogne de la manière dont vous l'entendez ; et comme le suffrage universel pourra changer ses employés quand ils ne feront pas leur devoir, comme il l'entendra, lui aussi.

Laisseriez-vous, sans surveillance et sans contrôle, votre valet de ferme abîmer vos récoltes, votre employé détériorer vos marchandises, votre caissier gaspiller votre argent, et votre domestique, s'il devenait fou, brûler votre maison et vous brûler vous et vos enfants? non, sans doute! Eh bien! par la même raison et pour une raison supérieure, il est absurde de se donner en toute propriété à une famille; il est insensé d'abandonner, sans surveillance et sans contrôle, la fortune et la vie du pays, qui comprend votre fortune et votre vie, à un homme, quel qu'il soit, qui peut à un moment donné, par caprice ou par folie, vous ruiner ou vous exposer à être égorgé vous et les vôtres; s'il ne vous assassine pas lui-même par passe-temps ou par intérêt pour sa puissance.

Les agissements criminels des deux empires, les invasions terribles qu'ils ont attirées sur nous et la guerre atroce qui nous ravage et nous décime, prouvent surabondamment que les affaires et les intérêts du pays ne sont, en définitive, que les affaires et les intérêts de chacun de ses membres; et que livrer la direction et le gouvernement de la fortune de la vie et de l'honneur du pays à la discrétion de la volonté d'un maître, c'est faire de soi, de sa famille et de sa fortune, la propriété, la chose et le jouet de ce maître, qui pourra les sacrifier et les sacrifiera sans scrupule à son avidité et à son ambition; comme l'a fait l'infâme qui nous a volés et livrés au couteau du meurtrier!

Les intérêts de la famille, de la dynastie, de l'ambition et de la puissance du despote étant toujours en sens inverse de la puissance et des intérêts de tous et de chacun, la nation est toujours la victime sacrifiée aux intérêts du maître! Ainsi donc, si vous n'avez pas au cœur le feu sacré du patriotisme et l'amour de la liberté, ayez-y au moins le froid de la pièce de cent sous, l'amour de vos propres intérêts et de votre propre conservation.

Et comme la République seule peut assurer l'ordre et la paix, et garantir la sécurité des personnes et des choses de chacun, en garantissant les intérêts de tous; soyons tous républicains, et la République sera grande et forte et sauvera le pays, qu'elle seule peut sauver.

Oui, il ne dépend que de vous, de moi, de tout le monde que la République tienne et soit immortelle, pour qu'elle délivre la patrie de l'étranger qui la déchire, la ruine et la tue; pour qu'elle assure à jamais l'ordre et la prospérité, en fondant la liberté, l'égalité, la fraternité et la justice sur les ruines de l'arbitraire, du privilége, de l'égoïsme, de l'iniquité et de la tyrannie. Soyons tous républicains, et nulle puissance humaine ne pourra porter atteinte à la République; qui sera, et ne peut être, que la loi impartiale, sévère et inflexible, dictée par tous et pesant sur tous, sans distinction d'origine, de caste, de fortune, de rang ni de position.

CHAPITRE VII.

Que dire aux orgueilleux, aux parvenus surtout, la pire espèce des sots ? De tout temps la fortune a primé, plus ou moins, le mérite ; de tout temps l'exagération du luxe, l'exès du paraître, l'abus du bien-être, qui engendre l'oisiveté, la mollesse et le vice, ont énervé les institutions, enrayé le progrès, amolli les âmes, abaissé les caractères, perverti les mœurs, avili les peuples et ruiné les empires. Je n'en excepte pas même la Grèce et Rome.

Le moyen-âge ennoblit la terre après avoir ennobli la force et la rapine ; l'ancien régime ennoblit les écus, mais il conserva du moins la devise éminemment morale : *noblesse oblige*. Et le noble ruiné restait digne et fier, drapé dans son manteau blasonné, brodé de trous et frangé de misère.

Napoléon Ier, ce charlatan vaniteux sorti de la gène, créa les baronnies et les majorats aux dépens de la France qu'il pressurait. Il distribua des rubans, des cordons et tous les hochets représentant la fortune et les honneurs ; il décréta le luxe et afficha une pompe sardanapalesque et théâtrale ! La Restauration, sous une apparence plus digne et plus sévère, n'en glorifia pas moins la fortune par des largesses et, surtout, en donnant à la terre et aux écus le droit immoral autant qu'absurde, de dicter des lois à l'intelligence et à la vertu. Le gouvernement de juillet, renchérissant à exalter la fortune, nous prêcha : Enrichissez-vous ; et perdit sa couronne pour conserver aux écus le droit exclusif de faire la loi. Le second empire n'a été, pour cela, comme pour tout autre chose, que le plagiaire stupide du premier du nom. Il a pillé la France pour enrichir ses créatures toutes besogneuses et ses partisans affamés, et a ressuscité, en fait de luxe, de pompe et de faste, tous les oripeaux des âges écoulés.

C'est sous l'influence délétère, de cette déification, de cette glorification, de ce prestige et de cette domination de la fortune que notre éducation morale s'est faite, que le cerveau de la France s'est organisé, modelé et affermi, que les facultés mentales de notre société moderne se sont façonnées, coordonnées et développées.. La fortune tenant lieu d'intelligence, de savoir et de mérite, dans le cerveau de ceux qui jouissent de ses faveurs et dans celui de la tourbe ignorante et stupide des sots, qui l'honore comme telle, tout le monde a voulu être ou paraître riche ! Et tout le monde, depuis les membres des plus anciennes familles, jusqu'au parvenu d'hier et au plus humble artisan, tout le monde affiche un luxe scandaleux et blessant pour les deshérités de la fortune, qui ont peine à vivre en travaillant douze heures par jour.

Et l'on a pu voir, un de Pollignac épouser la fille d'un juif condamné comme escroc, et un de

Larochejaquelin mendier des faveurs et des secours du voleur de la fortune de la France, pour pouvoir, astres éteints, briller encore d'une lumière d'emprunt.

Le parvenu surtout, étale grotesquement, avec un emphatique orgueil, les signes de sa fortune comme le paon étale sa queue. Il se gonfle comme la grenouille de la fable, bien souvent au-delà de ses moyens, et jusqu'à éclater comme elle, pour être remarqué, et pour se faire mieux croire ce qu'on appelle de bonne famille. Il cherche à grimacer des allures aristocratiques, pour paraître homme bien né, comme le singe grimace bestialement les nobles manières de l'homme, pour l'imiter.

Le parvenu, affiche une morgue insolente, croyant se donner du bon ton et des bonnes manières; il prend avec celui qui a ou paraît avoir moins de fortune que lui, des airs de protection, qui touchent au ridicule et à la bêtise; il traite les hommes d'une modeste fortune, ou paraissant tels, avec une hauteur frisant l'impudence; il évite la rencontre de l'honnête ouvrier, son camarade d'hier, qui, moins heureux que lui, n'est pas arrivé à être négociant; il fait semblant de ne pas voir le modeste boutiquier, son ancien confrère, qui, comme lui, n'est pas arrivé à la fortune; il ne rend pas le salut ou le fait avec un air de supériorité, à celui qu'il appelait jadis son ami, parce qu'il n'est pas assez bien mis, ou assez en position, de crainte qu'on ne le prenne pour un homme de mauvaise compagnie, et qu'on ne devine sa basse origine, qu'il s'efforce de cacher ou de faire oublier, en reniant sa profession passée, ses parents, et quelquefois son père.

Il quitte son bottier, son tailleur et son épicier, si ces braves gens, qu'il appele de basse condition, ont le malheur de le saluer en rue; par contre, il se courbe jusqu'à terre devant le fripon millionnaire; et il n'y a de bassesse qu'il ne fasse pour se faufiler avec les gens qu'il appelle comme il faut, et dont il cherche à imiter, même les défauts et les vices, pour se donner mieux un air de famille.

Cette fièvre endémique du paraître n'est pas le privilége exclusif des riches, c'est le ver rongeur de toutes les classes de la société, depuis l'humble ouvrier jusqu'au millionnaire; tout le monde cherche à paraître au delà de ses moyens, pour se faire croire plus riche qu'on n'est; et telle personne d'une condition modeste, qu'on prendrait pour une personne ayant bien de la fortune, sinon de la distinction, si on la jugeait d'après sa toilette, d'après les amis haut placés qu'elle vous nomme, avec satisfaction, ou d'après le menu très-recherché de son dîner, qu'elle vous énumère complaisamment à toute occasion; car, la sobriété est devenue signe de vice ou de misère, et la bonne chère, signe de mérite et de fortune ; de là à user des moyens forcés des Romains dépravés, pour recommencer à dîner, il n'y a pas loin. Cette maladie mentale de notre société moderne, ébête, dégrade et rend fou l'homme opulent ; elle gêne et finit par ruiner les familles qui n'ont qu'une modeste aisance ou un commerce relativement peu lucratif ; elle agace, irrite et exaspère la misère, excite la jalousie et les convoitises du pauvre. Elle est d'autant plus contagieuse et d'autant plus incurable que notre société est sans caractère et sans force morale, et que par un entraînement inconscient et fatal, dû à l'habitude et à l'exemple de mœurs corrompues, le plus grand nombre témoigne à l'homme riche ou qui paraît l'être, quel que soit son mérite ou sa moralité, tous les égards, toute l'estime et la considération qu'on ne devrait accorder qu'au talent et à la vertu.

Je dirai donc à l'orgueilleux parvenu, et les autres en prendront leur part : Vous êtes un esprit malade de vanité. au milieu de mœurs détestables qui alimentent votre folie et l'excusent un peu, si elles ne la justifient pas aux yeux de la raison et de la morale.

Vous vous croyez au-dessus des autres, parce que votre fortune ou mieux ses apparences, vous valent de la considération et des honneurs ; et n'ayant ni le courage, ni la raison nécessaire pour vous résigner à n'être apprécié, prisé et considéré que pour votre valeur personnelle, vous vous indignez et trépignez de rage à l'idée d'être confondu avec tout le monde.

De là, votre aversion, puis votre haine invincible contre la République, qui ne reconnaîtra d'autres mérites, d'autre supériorité, d'autres distinctions que les qualités intellectuelles et morales, et fera plier toutes les prétentions malsaines, sous le niveau inflexible d'une barre de fer.

Or, je comprends tout ce que cette perspective contient d'amertume pour votre orgueil, je comprends toute la perturbation qu'elle peut porter dans les habitudes de votre esprit, et tout le désordre qu'elle peut mettre dans la fixité de vos fausses idées, mais il faut vous résigner, il faut en prendre votre parti ; il faut devenir républicain, sincèrement républicain.

Et puis! si vous êtes avides de distinctions et d'honneurs, mettez votre fortune, votre talent et votre vie au service de la République et au salut de la patrie, et vous acquerrez une estime et une considération méritée, bien plus noble, plus grande et plus durable, que celle que l'on accorde à votre fortune, qui ne peut donner de l'intelligence à votre cerveau, qui n'ajoute rien à votre personne. Car, quel mérite votre concitoyen peut-il trouver à votre fortune pour l'honorer? Que font au pauvre diable qui vit de pain sec et meurt quelquefois d'inanition, que lui font vos quatre repas somptueux, qui vous exposent à mourir d'indigestion ou de pléthore, s'il n'attend de vous d'autre avantage que celui d'être éclaboussé par la boue de votre voiture? si votre fortune ne sert qu'à vous ?

Allons! criez avec moi : Vive la liberté, vive la République! et cet effort suprême, qui dissipera les idées malsaines de l'orgueil qui vous torturent l'âme, introduira dans votre cerveau des éléments intellectuels plus sains, en l'agitant, en l'ébranlant !

Réfléchissez que vous n'êtes pas descendu sur la terre sur un rayon de soleil, mais que vous sortez de la fange comme tout le monde; que, comme tout le monde, vous descendez de la brute qui, petit à petit, s'est fait homme, non en vertu d'une fortune qu'elle ne pouvait avoir, mais en vertu de ses instincts de sociabilité et de sa perfectibilité, en vertu des facultés intellectuelles et des aptitudes physiques et morales dont l'avait doté la nature, qui n'a fait ni riche ni pauvre, ni grand ni petit, mais des êtres humains.

Ne vous prévalez donc pas de votre fortune, que vous ne devez, comme tous ceux qui en ont, qu'au hasard, qui aurait pu aussi bien vous la refuser ; qu'elle soit de vieille origine ou qu'elle soit votre œuvre; quoique en ce dernier cas, elle pourrait être un titre méritant pour vous, et pour mon compte, je suis plus fier du bien-être que je dois à un labeur incessant de 40 ans que si j'avais trouvé des millions dans la succession de mon père.

Oui ! la fortune plus ou moins opulente , la naissance plus ou moins illustre, le nom plus ou moins fameux, la position et le rang plus ou moins brillants ne sont que le produit de la société, déterminés par les circonstances, les temps et les lieux. C'est l'œuvre du hasard, car il aurait suffi que le rustre, le paysan ou l'ouvrier qui a fondé votre famille, dans un temps plus ou moins éloigné, se fût toujours trouvé dans un milieu et dans des circonstances défavorables pour se créer une position meilleure, et que sa postérité se fût trouvée dans les mêmes conditions jusqu'à vous, pour que vous ne fussiez, à l'heure qu'il est, qu'un pauvre diable comme celui que vous méprisez.

Combien d'hommes, que les circonstances et les hasards ont faits grands négociants, grands financiers et rentiers millionnaires, que d'autres hasards et d'autres circonstances auraient pu faire ouvriers, décrotteurs, balayeurs de rues, ou nettoyeurs d'égouts ? Combien, que les circonstances et les hasards ont fait nobles, grands seigneurs, princes ou rois, et que d'autres circonstances et d'autres hasards, auraient pu faire gardes-champêtres, valets d'écurie, fossoyeurs gardes-chiourme ou bourreaux.

Ne soyons donc fiers que de nos qualités personnelles, les seuls biens, la seule fortune, la seule richesse qui soit à nous ; employons ces qualités, grandes ou petites, au bien de tous, car nos talents aussi bien que notre fortune, s'ils ne sont utiles qu'à nous seuls, n'ont de prix et de mérite que pour nous, et sont sans valeur pour les autres.

CHAPITRE VIII.

Et vous, ambitieux de tous genres et de tous les degrés? Vous qui rêvez les places et les faveurs de la nation et vous sentez les capacités de les remplir dignement, offrez vos services à la République, et elle s'empressera de profiter de vos aptitudes. Vous qui voulez mériter les hommages et les éloges de vos concitoyens, servez la République avec désintéressement, et elle vous décernera la couronne de chêne et vous entourera de respect. Vous qui êtes ambitieux de gloire, servez la République avec héroïsme, et elle vous comblera d'honneurs.

Servez tous la République avec talent, avec intelligence, avec amour, avec abnégation, avec courage et énergie, et la République récompensera dignement vos mérites et votre dévouement; et vous pourrez être fiers des récompenses, de la fortune et des honneurs qu'elle vous aura décernés, parce qu'elle n'aura jamais de places, de faveur et d'estime que pour le mérite et la vertu.

Mais, au nom de votre dignité et de votre honneur, si vous êtes homme d'intelligence et de cœur, ne flétrissez pas votre âme de la pensée criminelle d'obtenir les emplois, la fortune et les honneurs que vous rêvez, d'un despote qui opprimerait votre pays ! Les largesses d'un tyran, distribuant les récompenses et la fortune de la nation, qu'il dévalise et ruine, ne sont que la générosité du brigand, distribuant à sa bande les dépouilles qu'elle lui a aidé à enlever à ses victimes !

Ne convoitez pas les galons et les plumets des bravis d'un chef de bande quand vous pouvez obtenir les palmes glorieuses du citoyen méritant ! N'ayez d'autre ambition que la noble, la sainte et sublime ambition de défendre la République et la patrie ; de vous dévouer au service de la liberté, de la fraternité, de la justice et de l'humanité, et votre nom et votre gloire seront immortels !

Et vous, ambitieux, égoïstes et sans cœur ? Vous qui, craignant de perdre des emplois dont vous êtes indignes ; vous qui perdez de bonnes pensions et de riches sinécures ; vous qui n'ayant ni capacités, ni mérites, perdez l'espoir d'obtenir de la République des places et des faveurs que vous ne pouviez obtenir que du favoritisme du despote ! Vous rêvez tous, comme Bazaine et les autres traîtres ! vous rêvez trahison, restauration et triomphe de l'étranger ! Mais prenez garde, vous avez glissé du Capitole parce que vous étiez indignes d'y rester et incapables de vous y tenir ! craignez de rencontrer la roche tarpéienne, qui n'en est pas éloignée !

Quoi ! vous seriez assez lâches, assez infâmes pour désirer le triomphe de l'étranger ? Quoi ! vous pourriez sans honte au front, sans douleur et sans courroux au cœur, voir la patrie vaincue, déchirée, sanglante, humiliée et expirante sous les pieds des barbares ? Quoi ! comme l'hyène ignoble qui suit le lion pour profiter des restes de son carnage, vous voudriez l'égorgement de la patrie pour profiter d'un lambeau de sa dépouille ? Comment ! pour satisfaire votre avidité, votre criminelle ambition, vous souffririez d'être insulté, outragé, conspué et déshonoré dans la personne de la patrie, sans frémir de colère et de vengeance, sans brûler de haine et sans bondir de fureur, pour laver dans le sang de l'insulteur audacieux un aussi sanglant outrage ? Vous souffririez donc que le premier insolent venu vous injuriât, vous souffletât, vous crachât à la figure, vous donnât du pied quelque part sans sentir, la rage au cœur, qu'il y a une vie de trop dans le monde pour votre dignité et pour votre honneur ? Mais vous êtes donc un lâche à la troisième puissance ? vous n'avez donc ni âme, ni cœur ? vous n'avez donc ni entrailles, ni cerveau ? vous n'êtes donc qu'une monstruosité morale ? vous ne vivez donc que de la vie animale, de la vie du pourceau ou du reptile, se vautrant ou rampant dans la fange ? ou bien ! n'êtes-vous qu'un cadavre inerte pour que le nom de patrie soit impuissant à galvaniser et à faire tressaillir votre cœur et votre cerveau ?

Vous ne savez donc pas ce que c'est que la patrie?... eh bien! la patrie, c'est le lieu où votre œil s'est ouvert aux premiers rayons de lumière; où vous avez respiré le premier air pur et frais qui a vivifié votre sang; où vous avez reçu le premier baiser de votre mère, pendant que vous suciez son sang dans son lait; où vous avez été bercé aux chants amoureux de cette tendre mère, qui, penchée sur votre berceau, épiait votre sourire, ivre de joie et de bonheur!

La patrie, c'est la chambre où vous avez commencé à marcher à quatre pattes, comme la brute, puis où vous vous êtes dressé pour devenir homme, et où vous avez commencé à marcher debout; où, enfourché sur les genoux de votre père, qui en était fier, vous livriez des combats aux cariatides de la cheminée avec le sabre de fer blanc; où votre mère vous arrosait de ses larmes au moindre signe de douleur ou de maladie qui vous saisissait; où elle vous a appris à prier Dieu, qu'elle priait toujours pour que vous devinssiez un homme digne d'estime!

La patrie, c'est le trottoir où vous avez joué aux gobilles; c'est la promenade où vous avez commencé à marcher dans la vie en homme; c'est la place publique où vous avez joué au soldat; la rivière où vous avez appris à nager; le jardin où vous avez aspiré le parfum des premières fleurs et savouré les premiers fruits! La patrie, c'est le temple où vous avez élevé votre âme à Dieu avec ferveur et conviction ; le collége où votre intelligence s'est ouverte aux premières connaissances de la vie, de la science et du devoir ; la maison où votre âme s'est épanouie aux douces émotions de la charité et du dévouement, aux charmes enivrants des affections de la famille, de la camaraderie et de l'amitié ; le lieu où votre cœur tressaillit de tendresse et d'amour aux premiers regards de votre femme ! La patrie, c'est le lit d'agonie où vous avez recueilli pieusement les dernières paroles et les derniers soupirs de votre père et de votre mère ; le chemin que vous avez parcouru en les conduisant au tombeau ; la poussière de leurs cercueils, la dalle qui les couvre et l'herbe qui tapisse leurs tombes, et qui n'est que la transformation de leurs restes, que vous devez vénérer si vous êtes un homme.

La patrie, c'est l'ensemble des éléments physiques, intellectuels et moraux qui ont concouru, depuis l'origine de la grande famille française jusqu'à nos jours et y compris les aspirations de l'avenir, au développement, à la grandeur et à la prospérité matérielle et morale de la nation !

La patrie, ce sont nos forêts où nos vieux prêtres cueillaient le gui sacré ; ce sont nos montagnes, nos fleuves, nos vallées et nos mers ; c'est notre histoire majestueuse de grandeur et de revers ; ce sont nos institutions, nos lois, nos mœurs et notre langue ; ce sont nos monuments scientifiques, artistiques et littéraires ; c'est notre commerce, nos manufactures et notre industrie; ce sont nos qualités et nos défauts, nos vertus conquises et nos vices domptés !

La patrie, en un mot : c'est la France, c'est le sol de la France, c'est la population de la France, morte et vivante, c'est tout ce qui touche et appartient à la France, dans le passé, dans le présent et dans l'avenir! Et, si tous ces souvenirs et toutes ces idées, si toutes ces joies et toutes ces tristesses, si toutes les grandeurs et tous les revers du pays ne réveillent rien de noble et de grand dans votre âme, vous n'êtes qu'un malheureux, et je me contenterais de vous plaindre s'il ne s'agissait des dangers de la patrie !

Mais non, vous ne serez pas impunément français, et vous apporterez le secours de votre bras et de votre fortune à la République et au pays pour les sauver.

CHAPITRE IX.

Les ennemis les plus nombreux de la République sont les conservateurs de tous les régimes monarchiques.

Idolâtres insensés de la force ! adorateurs bigots du despotisme, quel que soit son nom et son drapeau, s'appelât-il le grand Turc et eût-il pour drapeau le croissant, pourvu qu'ils puissent dormir et digérer tranquille, sans bruit, sans secousse et sans trouble, à l'ombre de ce drapeau de mécréant! Sortes d'oiseaux de nuit craignant le bruit et la lumière!

Pour eux, la tranquillité et l'ordre, c'est la tranquillité du tombeau, le silence de la mort et les ténèbres de la nuit!

Tout ce qui remue les étonne, tout ce qui crie les effraie, tout ce qui luit les aveugle et les épouvante! Et, comme l'huître qui, craignant le remous et l'agitation de la mer, s'attache au rocher, comme la taupe qui craint les rayons du soleil et s'enterre, ils s'attachent à la force, qui étouffe tout mouvement, toute activité, toute vie et toute lumière!

Ne dites pas à ces couards que les mouvements violents, l'activité fiévreuse, les agitations bruyantes et convulsives ne sont que l'expansion naturelle de la vie d'une grande nation qui respire de toute la force de ses poumons et agit dans toute la plénitude de ses facultés vitales. Ils ne vous croiront pas! Ne dites pas à ces cerveaux désorganisés par des idées fausses que le choc de toutes les idées, de tous les rêves, de toutes les théories, de toutes les aspirations généreuses ou égoïstes, sensées ou creuses, pratiques ou absurdes, sublimes ou stupides, qui remuent, agitent et tourmentent la société, en travail d'enfantement, ne sont que le débordement du travail intellectuel de l'humanité, à la recherche de l'idéal de son avenir. Ils ne vous comprendront pas!

Ne dites-pas, à ces sourds et aveugles, que les mille voix de la presse, des carrefours, de la borne, des clubs et de la tribune, qui jettent tant d'idées, bonnes ou mauvaises, en pâture à l'avidité dévorante des hommes, sont autant de courants électriques qui se choquent et font jaillir la lumière, qui éclaire, échauffe et vivifie l'intelligence humaine.

Ils ne vous entendrons pas !

Ne dites pas, à ces monomanes, fous d'égoïsme et de peur, que la République est le gouvernement de tous par tous, qu'il est le gouvernement d'une grande famille de frères, administrant d'un commun accord, avec sagesse, avec économie, avec zèle et dévouement les affaires de la famille, au mieux des intérêts de tous, concourant tous, selon leurs moyens et leurs aptitudes, à la prospérité commune, qui fait la prospérité de chacun. Vous ne changerez pas leurs idées fixes !

S'inspirant de quelques faits déplorables de la République de 92, que toutes les réactions ont exploités, travestis et dénaturés dans l'intérêt de leur cause, et qui ont toujours été mal jugés et mal appréciés par le plus grand nombre, qui néglige toujours le pourquoi et ne voit que le comment... s'inspirant de ces faits malheureux, sans tenir compte ni des temps, ni des circonstances, ni des événements, ni des hommes, pour eux la République n'est que le désordre, le bouleversement, l'anarchie, le pillage et le meurtre ; et les républicains, un tas de voleurs, d'incendiaires et d'assassins !

Je leur dirais, à ces enragés ennemis de la République : Les républicains ont été maîtres de la France en 48 et le sont en ce moment ; citez-moi un désordre sérieux, un fait d'anarchie important à déplorer après la lutte ? je vous en défie ! sauf quelques faits isolés, dus à l'ignorance, qui faisait bêtement le mal en croyant bien faire, ou à la perversité de ceux qui sont toujours de tous les partis et de tous les régimes.

Jamais l'ordre réel n'a été, n'est et ne peut être plus sûr que lorsqu'il est défendu par tous les citoyens.

Vous traitez de voleurs et d'assassins les républicains en général et la classe ouvrière en particulier... Et bien ! ou vous êtes des fous ou vous êtes des calomniateurs sans vergogne ! Citez-moi un homme, un seul auquel les républicains, bourgeois ou ouvriers, aient arraché un cheveu, fait une égratignure ou pris un centime, ni en 48 ni en 70 ? je vous en défie encore !

Et c'est en haine de la République, et avec la plus hideuse mauvaise foi, que vous avez sali de la bave de votre rage calomnieuse, les hommes de 48, que vous avez impudemment accusés de s'être enrichis aux dépens du trésor ; tandis qu'ils ont tous quitté le pouvoir plus pauvres que lorsqu'ils l'avaient pris.

Les pillards, les voleurs et les assassins sont ceux que vous avez emphatiquement qualifiés de sauveurs, parce qu'ils vous avaient sauvé de la peur.

Oui! les voleurs et les assassins sont ceux qui ont mitraillé en plein boulevard hommes, femmes et enfants, pour confisquer la France à leur profit!

Les voleurs et les assassins sont ceux qui, à Paris et dans les départements, ont fait fusiller, incarcérer, puis déporter en masse, à Cayenne et à Lambessa, les défenseurs de la loi et de la Constitution, qu'ils violaient, eux qui avaient juré de les défendre.

Les voleurs et les assassins sont ceux qui, après avoir trompé et terrassé la nation, lui ont mis le genoux sur la poitrine, l'ont détroussée, volée et dépouillée, et s'en sont partagé les dépouilles et les millards!... Vous n'avez pas dit, vous qui vous disiez les honnêtes et modérés, vous qui vous nommiez les honnêtes gens! vous n'avez pas dit que ces forbans-là étaient des voleurs et des assassins! au contraire vous les avez appelés des sauveurs, vous avez applaudi des deux mains à leurs succès, et vous avez concouru, d'une manière ou d'une autre, au massacre et à la déportation de tous les républicains, dont vous vous faisiez lâchement les dénonciateurs; mêmes des plus inoffensifs!

Comparez votre conduite calomnieuse, lâche, honteuse et cruelle, à la conduite noble, digne et fière des républicains, bourgeois ou ouvriers, qui avaient de justes vengeances à exercer et qui vous ont couvert d'une noble magnanimité!

Cette comparaison, qui n'est pas à votre avantage, vous fera-t-elle comprendre combien les républicains, combien les ouvriers, contre lesquels vous n'aviez pas assez d'injures, ont le cœur, le dévouement et le patriotisme plus haut placés que vous?

Cette comparaison vous guérira-t-elle de la peur? vous arrachera-t-elle quelque estime et quelques sympathies pour ces républicains qui, en définitive, sont plus honnêtes que vous, et peuvent s'en passer, en dépit de vos calomnies?

Oui, sans doute, car la peur est la seule cause de votre injustice. Faites donc comme les républicains: oubliez le passé et acceptez la main fraternelle qu'ils n'ont cessé de vous tendre; puis, la main dans la main, courrons défendre la République en défendant la patrie!

CHAPITRE X.

Quant aux partisans de tous les prétendants, qui rêvent, chacun de leur côté et à leur manière, la restauration de leur idole... Je dirais aux légitimistes, qui comptent de nobles et beaux caractères, que j'estime beaucoup, bien que ma famille ait eu à souffrir des méfaits des volontaires royaux, je leur dirai : J'admire votre constance et je respecte vos opinions, parce qu'elles sont chez vous loyales et sincères ; mais, malgré toute la déférence que je voudrais témoigner à votre fidélité, je ne puis m'empêcher de vous rappeler ce qu'on a dit de vous : que vous n'avez rien appris et rien oublié.

Et bien ! rappelez-vous le passé, et vous apprendrez le présent et vous initierez à l'avenir! Rappelez-vous que les sottises des nobles, des prêtres et des rois ont été le germe de 89 ; que la Saint-Barthélemy, la révocation de l'édit de Nantes, les dragonnades et les prodigalités fastueuses de Louis XIV en ont été l'immense incubation, et que la vie débauchée de l'efféminé Louis XV et les faiblesses de l'honnête Louis XVI l'ont fait éclore.

Rappelez-vous que Varennes a amené le Temple, que le manifeste de Brunswick a amené le 21 janvier, que les menaces et les conspirations des royalistes du dedans et du dehors contre les hommes et les institutions de la Révolution ont amené la Terreur et les déplorables journées de septembre. Rappelez-vous encore que l'entrée des vôtres en France dans les fourgons de l'étranger, la loi des suspects de 1816, l'état civil rendu au clergé, les écoles militaires réservées aux nobles seuls, la censure, la loi du sacrilége, les cours prévôtales, les assassinats juridiques, le sang des sergents de

La Rochelle, l'arrestation de Manuel à la tribune, les ordonnances de juillet, et tant d'autres méfaits, ont noyé dans le sang votre dynastie et toutes les traditions gothiques de vos vieilles idées, de vos superstitions abrutissantes, de vos théories usées, de vos préjugés d'un autre âge et de vos prétentions surannées.

Rappelez-vous que tout le vieux monde, blessé à mort en 89, a expiré sous les pavés de 1830 avec votre monarchie, qui n'est plus qu'une ruine couverte de moisissure et à l'état de souvenir dans les âmes dévotes, dont les ex-voto, les amulettes, les reliques et les prières ne la réédifieront pas!

Et vous voudriez attacher cette vieille momie aux flancs de la France régénérée de 89, de 1830, de 1848 et de 1870? Et vous voudriez marier ce cadavre à la France jeune, intelligente, éclairée, grande et puissante? Mais vous ne vivez donc qu'avec le passé, des idées du passé, des traditions du passé, de la vie du passé? Vous ignorez donc la vie, les pensées et les faits qui agitent et dominent le présent? Vous n'êtes donc parmi nous que l'ombre d'un soleil éteint? les revenants des âges écoulés? Mais cessez donc de regarder le passé, n'accoutumez pas votre vue à ne voir que dans les ténèbres de la tombe du vieux temps où vous contemplez la poussière desséchée de l'idole que vous espérez en vain faire adorer par d'autres que par vos vieilles bigotes! Tâchez d'accommoder vos yeux d'Albinos à la lumière du jour nouveau ! Echauffez votre cœur et votre cerveau aux rayons resplendissants du soleil qui vivifie la société moderne! Contemplez la France au sommet de l'immense pyramide du progrès et de la civilisation, jetant en pâture au monde, qui les aspire avec avidité, les idées bienfaisantes de liberté, d'égalité, de fraternité, de solidarité et de justice entre les hommes et les peuples ! Et puis ! dites-nous après, dites-nous, si cette fée féconde en merveilles, qui est la tête et le cœur du monde nouveau, peut descendre des sphères éthérées, d'où elle rayonne, éclaire, enseigne et domine l'univers intellectuel et moral, pour se couvrir des haillons et des oripeaux du vieux temps et pour prodiguer ses faveurs au squelette de votre dynastie, que les années ont décharné et blanchi ?

Non ! non ! nul prétendant ne peut être, à l'heure qu'il est, assez noble, assez grand, assez intelligent, ni assez beau pour aspirer à la main de cette majestueuse déesse des nations, splendide de santé et de force, de richesse et d'intelligence, d'amour et de beauté, de science et de génie !..... elle seule est digne d'elle ! et elle ne recevra plus des lois et des ordres que d'elle-même ! qui s'appelle et s'appela République !

Or, comment pouvez-vous, messieurs les légitimistes, comment pouvez-vous balancer entre rester fidèles à un souvenir, quelque digne de respect qu'il soit, et le devoir de servir votre patrie en servant la République, qui en sera désormais le cœur, la tête et le bras?

Si le plus grand nombre d'entre vous n'a pas les idées républicaines, il en a l'instinct, le caractère, la loyauté, le courage et les vertus, et vous pouvez être des premiers des citoyens. Préférerez-vous être les valets d'un maître que vous vous serez donné vous-même? Comme les Israélites, adorant le veau d'or qu'ils avaient fait, ou comme les sauvages, adorant le monceau de boue qu'ils ont pétri, vous vous prosterneriez devant l'ombre d'une royauté que vous auriez évoquée de la tombe, et vous oublieriez, pour ce fantôme de votre imagination, la patrie, votre devoir, votre dignité et votre honneur? Non, chez vous le cœur a toujours été haut placé, et le nom de patrie a toujours éveillé dans votre âme le dévouement et l'héroïsme, malgré la défaillance du malentendu, que vous déplorez sans nul doute.

Soyez donc républicains pour défendre le pays, qui a besoin de vous. C'est le seul moyen de concourir au salut de la France, si vous avez à cœur de la sauver, comme vous dites.....

CHAPITRE XI.

Les orléanistes se remuent, ils s'agitent et espèrent, comme les hommes du Deux-Décembre, se hisser sur les ruines de la République. Tant pis pour eux, ils en seront pour la déception de leurs espérances coupables ; car le gouvernement de Juillet, est de ceux qui meurent sans héritier. Sans doute la famille d'Orléans était une famille honnête ; les princes, sauf un, un peu orgueilleux, dit-on, étaient tous des hommes de cœur et d'intelligence...

Quant au chef, c'était un honnête père de famille, mais comme roi il n'avait ni l'intelligence philosophique et politique de Louis XVIII, ni la noblesse et la dignité chevaleresques de Charles X.

Il avait les instincts et les allures d'un financier égoïste, rusé et sordide, qui sait nouer et mener à bien une opération de lucre. Il trahit les membres de sa famille, pour les dépouiller du pouvoir à son profit, il alla même jusqu'à les humilier, les avilir, les déshonorer pour ruiner leurs chances de retour.

Il trahit les libéraux qui lui avaient donné une couronne, et les paya de la plus noire ingratitude ! il glorifia la fortune, qu'il aimait plus que sa couronne, et, malgré ses immenses revenus et une liste civile considérable, il ne cessa de tendre la main à la nation pour mendier des apanages pour ses fils. Mais, rendons-lui justice..... il demanda, mais il ne prit pas, il mendia mais il ne vola pas, comme les deux empires, et il fit punir les prévaricateurs, quelque haut placés qu'ils fussent.

Apre, thésauriseur autant que probe, son règne

pivota toujours sur les forces matérielles, au détriment des forces morales.

Le triomphe de la force et la légitimité des faits accomplis furent formulés en théories et érigés en principes politiques par ces doctrinaires. La fortune acquise ou à acquérir, faisant la base des droits politiques, fut le régulateur de la justice distributive et des faveurs de son gouvernement.

Le lucre et la corruption, jetés en pâture aux appétits égoïstes et malsains des âmes vénales, furent ses moyens de gouverner ! et ce gouvernement, qui ne fit appel qu'aux instincts les plus détestables, eût été le plus démoralisateur, des gouvernements qui ont pesé sur la France, si les deux empires n'avaient pas existé.

Paix à sa cendre, il est mort comme il avait vécu, sans laisser une œuvre vraiment utile, une action généreuse, capables de lui survivre et de le rappeler à la mémoire des hommes, sans laisser une belle pensée, un noble exemple qui puissent lui mériter les sympathies et les regrets de la postérité ! Et vous qui rêvez sa résurrection, je vous connais bien tous, vous êtes la masse des égoïstes qui, en fait d'opinions politiques, n'avez de pensées, de sympathie et de passion que pour le pouvoir en qui vous fondez le plus d'espoir pour vos intérêts ; et vous êtes toujours prêts à abandonner le gouvernement qui tombe pour acclamer celui qui triomphe, quel qu'il soit, pourvu que vous le croyiez apte à vous assurer les bénéfices de la boutique, du comptoir ou de la banque; ou disposé à vous prodiguer les places et les faveurs.

De là, vos menées pour la restauration d'un gouvernement que vous avez laissé tomber sans lui tendre la main et que vous avez oublié pour donner toute votre sollicitude au césarisme dégradant de l'empire ; pensant toujours, contre toute raison et en dépit de l'expérience de l'histoire, que celui qui triomphe et dispose de la force est seul capable de protéger l'ordre et vos intérêts.

Mais, aveugles ou niais que vous êtes, Louis-Philippe ne s'est pas fait faute de la force, et les deux empires en ont abusé avec une frénésie féroce, ont-ils garanti l'ordre et vos intérêts, eux qui ont attiré sur la France tant de désastres dont le poids nous écrase à l'heure qu'il est ? Et si les expériences nombreuses et chèrement payées de la force brutale, comme garantie de l'ordre et des intérêts de tous et de chacun, ont toujours été négatives et désastreuses, n'est-ce pas de la folie de croire à la puissance protectrice de ces divinités factices, après les avoir vues, sans voile, pétries de sang et de boue, de lâcheté et d'infamie ? Et après tant de leçons cruelles et amères, votre aversion pour la République, qui est et ne peut être que la force morale de tous, est-elle motivée ? est-elle raisonnable? est-elle justifiable par la saine raison ?

Vous dites que la République ruinerait le commerce, l'industrie et la sécurité des personnes et des propriétés, par des agitations incessantes, par des compétitions sans fin, par des déchirements sans trève, par des meurtres et des pillages continus. C'est une aberration d'esprit, une vision maladive d'idées préconçues ou la plus insigne mauvaise foi.

Est-ce que la République, de notre temps, peut être le champ-clos d'un petit nombre d'émeutiers, s'entr'égorgeant pour se disputer le pouvoir ; comme font les rois pour se disputer la suprématie de la puissance ? Est-ce qu'un petit nombre de factieux pourrait impunément assassiner tous ceux qui porteraient ombrage à leurs visées ambitieuses ; comme l'ont toujours fait les faiseurs de coup d'État que vous avez acclamés ? Est-ce que la République peut être une caverne de voleurs et d'assassins, se partageant les dépouilles de la France après l'avoir égorgée ; comme l'ont fait toujours les sauveurs providentiels qui l'ont confisquée à leur profit ? Est-ce que la République ne doit pas être et sera infailliblement la pensée, l'objet, l'intérêt et la volonté de tout le monde ? et tout le monde ou la grande majorité peut-elle vouloir le désordre, l'anarchie, le vol et le meurtre ? Peut-elle vouloir la ruine du commerce, de l'industrie, de la propriété, et, partant, de la patrie et de la société ? Et si, sous la République, comme sous tous les gouvernements possibles, il y a des agitateurs, des brouillons, des ambitieux, des voleurs et des assassins, est-ce que la majorité ne sera pas la plus forte pour les châtier? Ou bien faut-il insulter et calomnier la France, et croire qu'elle compte plus de fripons et de misérables que d'honnêtes gens? Croyez-moi, messieurs les orléanistes sans foi et sans conviction, si vous voulez que le commerce et l'industrie prospèrent, si vous voulez obtenir des places et des faveurs dont vous seriez dignes, si vous voulez la sécurité de l'ordre, de la propriété et des personnes, ralliez-vous franchement à la République, qui peut seule nous les garantir et faire la prospérité du pays. Mais, par pitié, ne parlez pas de restauration, craignez d'attirer sur vous, sur nous tous, sur la nation et sur l'humanité, tous les malheurs, toutes les calamités et tous les désastres que vous prétendez vouloir conjurer.

Les républicains victorieux vous font crédit de leurs justes rancunes, qu'ils oublient, ils vous tendent une main fraternelle, malgré vos calomnies, qu'ils dédaignent avec la fierté qui convient aux âmes fortes et convaincues ; ne prenez pas leur magnanimité pour de la faiblesse! Ne conspirez pas la ruine de la République, si vous ne voulez pas que l'agneau devienne un lion terrible qui broierait tout, hommes et choses, avant que vos protégés arrivent au pouvoir; où il n'y a plus de place pour les rois! Le meilleur moyen de défendre vos chers intérêts, c'est de défendre avec nous la République et la patrie, avec énergie et dévoûment ! Faites-le sans réserve et sans arrière-pensée, et après vous serez content de vous et des autres !

CHAPITRE XII.

Reste-t-il encore des partisans de l'empire après tous les méfaits, toutes les lâchetés, toutes les turpitudes et toutes les ignominies connues de ce régime de compressions, d'assassinats et de vols à outrance ? Non ! ce régime de corsaires, disposant à plaisir et en maître de la France, comme d'une bonne prise, est tombé dans la fange et le sang d'où il était sorti ; et la boue de l'infamie, que sa chute honteuse et lâche a fait jaillir sur la figure de ses partisans doit avoir guéri, pour toujours, du chauvinisme et de l'idolâtrie du nom légendaire, tous ceux qui avaient conservé quelques sentiments honnêtes !

Quant à la masse des prétoriens, des proconsuls et des valets, tous gens de sac et de corde, aventuriers sans cœur, serviteurs mercenaires de tous les régimes où ils espéraient trouver quelques profits sans peines et sans mérites...

Ceux-là, ne pouvant se faire accepter par la République, qui les repousse du pied, ceux-là trahissent criminellement le pays, tendent la main à l'ennemi et conspirent la restauration de ce régime maudit qui a fait tant de mal à la France et au monde !

A ceux-là, nous leur refusons notre main ! ceux-là, nous les repoussons comme indignes ! pour ceux-là, la République ne peut avoir que du mépris, du dégoût et de la haine ! Ceux-là, les républicains aiment mieux leur aversion que leur bienveillance, et la patrie gagnera plus à les avoir pour ennemis que pour défenseurs ! prêts qu'ils seraient toujours à la trahir et à la vendre aux plus offrants et derniers enchérisseurs, comme l'ont fait Bazaine et les autres traîtres !

A la masse des impérialistes honnêtes et de bonne foi qui, par ignorance ou par bêtise, se sont laissés aveugler si longtemps par le faux éclat d'une gloire stérile, négative et menteuse, tachée de crimes, de sang et de larmes ! à ces myopes, qui ont sacrifié au fétichisme d'un nom surfait ! Je leur dirai : Cet homme dont vous adorez la mémoire, comme celle d'un Dieu, cet homme n'a été qu'un brigand de génie! un forban rusé, qui, sachant tirer parti des circonstances, des temps, des lieux, des hommes et des choses, s'est emparé de la France, et, après l'avoir terrassée, garrottée, bâillonnée et dépouillée, l'a forcée de se prostituer et de prodiguer ses faveurs à ses laquais !

Oui ! Napoléon a été la plus grande, la plus terrible, la plns fatidique personnalité des temps modernes ! Sa puissante organisation physique et intellectuelle était la condensation de tout ce que la nature humaine à pu enfanter de force, d'audace, d'activité, d'énergie, d'adresse, de courage, de ténacité, d'ambition et d'orgueil! Il a poursuivi et gravi le sommet de toutes les grandeurs où l'homme puisse atteindre par la force de sa volonté et de son génie! Il ne lui a manqué que les sentiments affectifs, la sublime et sainte grandeur du dévouement à la liberté, au bien, au beau, au vrai et au juste, pour atteindre la vraie grandeur la seule grandeur digne de l'admiration des hommes et de la reconnaissance de l'humanité : la grandeur morale!

Et, pourtant, le destin l'avait fait naître juste à l'heure où la vieille société était en ferment de dissolution et de transformation, en travail de création et d'enfantement! tout le monde ancien tombait en poussière sous la hache terrible de la révolution! tous les trônes vermoulus, caducs et décrépits des royautés, croulaient de toute part; et il n'avait qu'à déblayer la voie à la liberté et à la justice, en jetant au feu tous ces vieux débris des despotismes agonisants!.. Il le pouvait! Il ne lui manqua que l'amour de la liberté, le désir de défendre les principes nouveaux et la volonté d'être le protecteur de la justice et de l'humanité, pour mériter la gratitude infinie des races futures! Il pouvait cueillir les palmes glorieuses de Washington et être le génie bienfaisant de toutes les

monté sur l'échafaud, un misérable criminel, voleur ou assassin, qui aie mérité un aussi grand supplice, que celui qu'aurait mérité ce génie du mal ; au nom duquel, nous devons d'avoir souffert encore après lui, vingt ans de la tyrannie abrutissante de son ignoble imitateur?

Ce nom fatidique qui vient d'être enfouie, par son misérable héritier, dans la fange de toutes les hontes, de toutes les lâchetés, toutes les infâmies !... Ce nom maudit, laissez le accroché à toutes les gémonies, comme le nom unique de deux malfaiteurs!

Oubliez-le là ! Vous qui en avez été éblouis si longtemps ; et venant vous rallier sincèrement à la république, courez défendre la patrie avec nous! Nous vous diront : soyez les bien venus ! indulgents que nous serons pour votre aveuglement et oublieux de vos erreurs !

CHAPITRE XIII.

Et vous chauvins ? tourbe stupide, de comparses, d'un histrion encore plus stupide ! vous qui n'aviez pas assez d'air dans vos poitrines de croquemitaine, pour crier : Vive la guerre ! vous qui trouviez la France insultée et deshonnorée, parce qu'il avait plut à l'Espagne de mendier lâchement un maître auprès du despote de Berlin, après avoir frappé à toutes les portes, sans trouver une âme charitable qui voulût endosser la livrée des Torquemada! vous qui avez applaudi à toutes les déprédations, à toutes les spoliations et à tous les massacres des despotes! vous qui nous criez : Vous calomniez nos soldats, qui se sont couverts de gloire; toutes les fois que nous réprouvions une expédition injuste, ou que nous flétrissions un fait de guerre inique! Vous qui assommiez à coups de gourdins tous ceux qui demandaient la paix, et qui nous traitiez de lâches et de traîtres, parce que nous repoussions la guerre; comme inopportune, sans motifs et sans raison! Vous qui nous traitiez de mauvais patriotes, parce que nous disions que la guerre au XIXe siècle, entre deux grandes nations des plus éclairées de l'Europe, serait une monstruosité sociale, une atteinte au bon sens, à la morale et à la civilisation! parce que nous disions que la guerre entre deux nations sœurs par les idées et par les aspirations, unies par des liens de fraternité, d'amitié et de famille et par des incessantes relations commerciales, industrielles, scientifiques, artistiques et littéraires, serait une guerre civile, une guerre fratricide! parce que nous disions que par ce temps de lumière, d'union et de solidarité des peuples, les despotes seuls peuvent concevoir et entreprendre, dans l'intérêt de leur ambition, une guerre horrible; qui ne pourrait avoir d'autres résultats que la destruction en masse de la vie des hommes et des œuvres hude sa botte et en fit une pâte molle qu'il jeta dans la fournaise de son laboratoire. C'est de ce creuset incandescent, d'éléments hétérogènes, qu'il fit sortir, comme par génération spontanée dont il était la force créatrice, des barons, des marquis, des comtes et des ducs; des princes et des rois; ses courtisans, ses valets, ses mouchards et ses séides, qu'il bariolat de croix, de rubans et de cordons; comme un enfant floquette ses poupées ! Il fit d'un valet ou du fils d'un valet un duc, un prince ou un roi, et des descendants des ducs et des princes, il en fit ses laquais. Il fit, des filles de servantes et de courtisanes, des baronnes et des duchesses, et des filles d'anciennes duchesses il en fit les servantes de ses femmes ! Il maria les fils des rustres et des palfreniers qu'il avait élevés aux grandeurs, avec les filles des descendants des croisés ! Alliances étranges, sans affinités, sans cohésion et sans adhérence ! mélange qu'une goutte d'eau pouvait séparer ! unions forcées sans estime, sans sympathie et sans amour, qui ont produit l'aversion, la haine, et l'immoralité entre les époux, et laissé une progéniture moralement rachitique, sans sentiments élevés, sans caractère, sans dignité, sans talents et sans mœurs ! sortes de métis dégénérés qui n'ont ni les vertus instinctives et la rude franchise des rustres parvenus, leurs pères, ni la fierté du caractère noble et digne des ancêtres de leurs mères ! Il mêla tout, même les choses les plus opposées, les plus contraires et les plus antipathiques, parce qu'il n'était lui-même qu'un contraste de sublime conception de génie et de mesquines combinaisons de vanité et d'orgueil !

Il mit en poussière les trônes des rois, il posa sa botte crottée de sang et de boue sur les diadèmes qu'il avait brisés, puis il s'affubla des guenilles artisonnées de la royauté, comme Hercule, il changea sa glorieuse peau de lion contre la colerette d'une prostituée !

Nul ne monta si haut et ne tomba si bas que lui après la chute de Lucifer ; comme l'a dit le poète ! On le vit, cet heureux parvenu, cet enfant gâté de la fortune, ce Jupiter tonnant, qui avait fait trembler le monde du cliquetis de son épée, qui avait foudroyé tous les potentats de sa parole insolente et brève, qui avait séduit ou écrasé tous les partis de son regard caressant ou dédaigneux !.. On le vit, lui, qui avait foulé aux pieds de ses chevaux des millions d'hommes morts ou mourants, par son fait, sans être ému de regrets ni de pitié !.. on le vit pleurer, avec un attendrissement de démence, en embrassant les insignes de sa puissance perdue. On le vit, apres avoir été abandonné de toutes ses créatures, qu'il avait gorgées de fortune et d'honneurs; on le vit, lui, si hautain et si fier, on le vit déguisé en postillon et larmoyant comme un enfant ! on le vit même s'abaisser, s'humilier jusqu'à remercier le général prussien qui l'escortait, pour l'avoir

piétiné et écrasé, dans son sommeil fiévreux, par des millions de squelettes d'hommes qu'il avait fait égorger; et que, dans son délire d'agonie, il a dû les sentir tour à tour lui déchirer les entrailles et lui lacérer le cœur avec les ongles, comme le vautour de la fable, ou lui briser la tête avec les dents et lui ronger le crâne et la cervelle, comme le damné du Dante!

Oh! quelle agonie cruelle! quelle mort terrible a dû être la sienne! Et cependant cette agonie et cette mort affreuses ont été bien douces, si l'on compte l'immensité du crime, si l'on calcule l'étendue sans limites du châtiment mérité! Depuis l'attentat de Lucifer, dans les sphères inconnues, pour détrôner Dieu, ni anges ni hommes n'ont connu un aussi grand crime que celui commis par ce Satan de la terre et répété par son infernal neveu!

Où et comment imaginer d'aussi épouvantables forfaits?

Un homme qui, par la ruse, par le parjure, par la trahison, par la corruption et la violence, s'empare d'une nation et en fait sa propriété, sa chose, son instrument et son jouet; de la même manière qu'un forban s'empare de la bourse d'un individu et en dépense le contenu à son gré!

Un homme qui substitue son intelligence, sa pensée, sa raison, sa volonté, sa personnalité perverse et satanique, à la raison, à la science, à la

sauvé de la fureur populaire, en le montrant à la populace d'Orgon comme un objet de pitié !

Oh ! combien cette immense humiliation dut coûter à sa vanité ! lui qui avait regretté de n'être pas né du temps d'Alexandre pour se faire adorer comme un descendant des dieux ! ainsi que l'avait fait cet autre fou ! Combien son orgueil dut en souffrir ! lui, si altier, qui dans sa captivité avait encore la sottise, peu digne et hors de saison, de se courroucer contre Hudson Lowe, parce que celui-ci ne le qualifiait pas d'empereur.

Il est mort ! fatalement torturé par les déchirants regrets de sa grandeur perdue ! Il est mort infailliblement broyé par un incessant et affreux cauchemar, qui a dû troubler sans trêve et sans répit, son sommeil et ses veilles ! Quels songes horribles ont dû le tourmenter ! Comme il a dû voir monter à ses lèvres, prête à l'étouffer, la mer de sang humain qu'il avait fait verser !

Comme il a dû se sentir prendre aux narines et à la gorge par l'odeur putride, méphitique et pestilentielle des débris humains qu'il avait entassés sur toute la surface de l'Europe ! Comme il a dû être, à chaque instant, réveillé en sursaut par les cris, les plaintes et les imprécations des millions de blessés et de mourants qui, dégoûtants de chair en lambeaux, de boue et de sang, venaient sans doute lui demander compte de leurs atroces souffrances ! Comme il a dû se voir entouré, pressé,

sagesse et à l'autorité de la nation la plus intelligente et la plus éclairée du monde !

Un homme qui dispose en maître de la fortune, de la dignité, de la liberté, de la vie et de l'honneur d'une nation de quarante millions d'habitants, en abusant de la force et du pouvoir que cette nation crédule et loyale lui avait confiés, après l'avoir échauffé dans son sein, comme l'enfant naïf échauffe le serpent venimeux qui le pique !

Un homme qui prend à une nation qu'il avait juré de défendre des millions et des milliards, pour en enrichir ses favoris, ses comparses et ses sicaires ; ou pour les dépenser en frivolités folles, sans autre droit que le droit du brigand et du pirate ; sans autre responsabilité que son bon plaisir !

Un homme qui fait massacrer des milliers de citoyens qui défendaient la loi qu'il violait, lui qui avait la mission jurée de la défendre ; qui fait fusiller en masse, dans une émeute organisée ou provoquée par ses mouchards, des malheureux innocents ou égarés ; qui fait arrêter et déporter les meilleurs patriotes, qu'il n'avait pu corrompre ni gagner à ses menées égoïstes et liberticides !

Un homme qui fait arrêter à l'étranger un noble et loyal jeune homme qui n'avait d'autre tort que de porter ombrage à ses visées, et le fait mettre à mort, par la justice sommaire de sa volonté, dans la fosse qu'il lui avait fait creuser d'avance !

Un homme qui fait fusiller à l'étranger, et par ordre exprès, Palme, Rodio, A. Hoffer et tant d'autres malheureux, parce qu'ils n'avaient pas obéi assez fidèlement à sa volonté tyrannique !

Un homme, enfin, qui, dans plus de cent batailles, a fait massacrer plus de quatre millions d'hommes, et a fait de l'Europe, pendant quinze ans, une vaste ruine, un charnier immense d'ossements humains, baignés dans une incommensurable mer de sang !...

Et tous ces forfaits dont la pensée seule fait frémir d'horreur et saisit d'épouvante! tous ces horribles méfaits dans le seul intérêt de son orgueil insensé et de son ambition en démence; sans qu'il eût à redouter la plus infime responsabilité juridique, la moindre punition !

Et quel supplice assez terrible la pensée humaine pourrait-elle inventer qui fût à la hauteur de tous les crimes exécrables de ce déprédateur homicide ?

Quelle balance pourrait peser le poids immense du châtiment, si l'on compte les droits, les libertés, les intérêts, la fortune, la dignité, l'honneur et la vie, des hommes et des peuples, qu'il a violés, usurpés, ruinés, détruits, anéantis et sacrifiés à ses passions, à sa vanité, à son orgueil et à son ambition ?

Dieu seul, ou Satan, auront trouvé et lui auront infligé un éternel et horrible tourment à la hauteur de ses crimes ! car, est-il entré au bagne, est-il

grandes aspirations humaines; son ambition et son orgueil lui firent préférer les lauriers sanglants des Césars et en firent, le fléau de l'humanité, le restaurateur de tous les préjugés et de toutes les tyrannies! C'est triste, c'est écœurant à penser qu'un si grand génie se soit abîmé dans une mare de vieille fange!.. lui, enfant du XVIIIe siècle, si grand par la pensée et par l'action!

Comme il représentait dignement la force et la grandeur de la révolution qu'il avait confisquée à son profit, lorsque son orgueil ne dénaturait pas son caractère et son génie titanique! Mais comme il paraît petit et ridicule, comme il est grotesque à faire pitié lorsque, de la hauteur olympienne où son génie et la révolution l'avaient élevé, on le voit descendre pour ramasser dans la boue les lambeaux de la dépouille des rois, pour s'en parer comme un héros de comédie; lui sorti de la révolution qui avait décapité les rois! Si, du moins, il avait fait le mal en levant audacieusement le drapeau de son ambition! si, drapé dans son immense orgueil, il avait jeté le défi à la révolution, la visière levée! si, comme les Titans, il avait cherché à escalader l'Olympe en appelant Jupiter au combat; si, comme Lucifer, il avait attaqué Dieu en lui disant Pourquoi! si, comme l'Ajax antique, il avait eu la superbe de provoquer les dieux! si, dans ses usurpations, dans ses attentats, dans ses forfaits, il s'était montré, comme le destin, inflexible et inexorable, en jetant au monde le cartel de ses prétentions à le commander, à l'asservir ou à l'égorger, si le monde lui résistait! si, du moins, il avait dit fièrement : Je veux! il serait resté grand quand même, car le crime aussi a sa grandeur!

Mais, non, il s'annonce lâchement comme le libérateur; il se présente traîtreusement comme le génie prédestiné du bien ; il dit ou fait dire qu'il est l'être providentiel, le protecteur, le vengeur de la liberté, de la morale et de la justice : de tout ce que l'humanité a de plus cher et de plus sacré!

C'est avec cette adresse satanique qu'il attira à lui toutes les forces vives de la nation! c'est avec une hypocrisie infernale qu'il absorba la révolution en faisant semblant de la continuer. Et ce ne fut que lorsqu'il se crut, à jamais, maître absolu de la France, que ce fourbe jeta le masque et dit : Je veux!

Alors, pour faire tout servir au triomphe de son orgueil et de son ambition, il voulut tout modifier, tout transformer, tout refaire, hommes et choses; pour que tout s'harmonisât, s'ajustât, se soudât dans les cadres de ses plans. De là sa fusion, son amalgame de la denrée humaine! paille et épis, écorce et feuille, fleurs et fruits, il mêlat tout pêle-mêle, la fange d'en bas et la boue d'en haut, l'humble valet et les fils des preux; puis, après avoir fait passer dessus la meule inexorable de sa volonté de granit, qui broya tout, il pétrit tout avec le talon

maines, accumulées par les siècles, et qui ont usé tant d'intelligences et de vies d'élite!...

Que les peuples ont intérêt à s'aimer et à s'entr'aider fraternellement, et nonà s'entr'égorger, pour le caprice de leurs tyrans; dans une guerre qui serait d'autant plus épouvantable et désastreuse que la science mettrait ses inventions terribles au service de la force brutale, contre la liberté et la civilisation, qui reculeraient d'un siècle à chaque coup de canon!

Vous nous traitiez de Prussiens, parce que nous disions que l'honneur et la prépondérance nationale ne dépendent pas du succès de la force, qui a toujours étouffé toutes les énergies morales et fait reculer le progrès! parce que nous disions que la guerre ne devait plus être la dernière raison pour la France, que dans le cas extrême et rigoureux de la défense de la patrie, de la liberté et de la justice! parce que nous disions qu'il fallait nous guérir de la fièvre délirante du chauvinisme, qui altère les facultés mentales, égare la raison, pervertit les instincts généreux des peuples, et les rends souvent injustes et cruels, sous l'influence du césarisme, dont ils sont toujours les dernières victimes!

Vous nous traitiez de vendus à l'étranger, parce que nons disions qu'il fallait nous sevrer de notre avidité, de notre gloutonnerie de gloire militaire, qui, en définitive, n'est que la glorification du meurtre, de la destruction et de la ruine des hommes et des peuples !...

Qu'il fallait repousser avec dégoût ces lauriers, ces palmes et ces trophées d'une gloire menteuse et homicide, qui dégoûtent le sang et les larmes, et qui ne sont, en réalité, que les insignes funèbres de millions de victimes humaines !...

Qu'il fallait que les enfants de la France ne tressent plus que des couronnes de chêne et d'olivier, à la science, à la philosophie, aux arts et à l'industrie : à toutes les vertus civiques !

Alors, vous nous imputiez à crime toutes nos opinions pacifiques et humanitaires, comme faisant trop bon marché du génie et de l'honneur du pays. Et maintenant que la France est envahie et humiliée, maintenant que son drapeau a été traîné dans la boue par ce Napoléon, qui, d'après vous, l'avait tenu et pouvait seul le tenir haut et ferme ! maintenant vous ne rêvez plus qu'armistice et paix ! Quoi ! vous trouviez la France insultée, parce qu'un autocrate avait trouvé bon de ne pas souffrir les importunités insolites d'un ambassadeur, et vous demandiez l'égorgement de deux millions d'hommes pour laver l'insulte, et maintenant que la France est souillée et blessée à mort, vous demanderiez la paix à tout prix ? Une paix honteuse et deshonorante ! une paix ignominieuse, qui nous démembrerait et nous ferait descendre au dernier rang des nations ! Oh ! lâches ! La France

les peuples pour que je lui doive ma part de sacrifices et d'efforts pour son triomphe, qui en définitive sera le triomphe de la civilisation et de la justice sur l'iniquité et la barbarie ?

Est-ce que le pur, l'illustre Garibaldi, ses nobles enfants et leurs valeureux frères d'armes, est-ce que tous les apôtres du progrès, tous les défenseurs des droits sacrés de l'humanité, ont eu besoin d'être nés en France et de s'y être enrichis comme vous, pour lui apporter l'appui de leur intelligence, de leur courage et de leur dévouement pour la défendre ?

Ne leur a-t-il pas suffi, à ces hommes de cœur et d'abnégation, ne leur a-t-il pas suffi de s'être assimilé les idées de la France et d'être en communion de principes avec elle, pour lui faire généreusement le sacrifice de leur noble vie, pour la sauver, elle et ses principes qui doivent régénérer le monde !

Et nous-mêmes n'avons-nous pas, en tout temps, en tous lieux et toujours, n'avons-nous pas prodigué notre sang, notre argent et nos vœux à tous les pays du monde, qui ont eu à revendiquer ou à défendre leurs droits et leurs libertés contre le despotisme ? N'avons-nous pas toujours réprouvé et combattu à outrance les iniquités des gouvernements dont nous subissions la tyrannie ?

N'avons-nous pas toujours flétri l'injustice, de quelque part qu'elle vînt, et défendu partout, au prix de tous les sacrifices, les causes justes, l'humanité et la civilisation ?

Est-il nécessaire d'être né sur une motte de terre plutôt que sur une autre, pour se sentir au cœur le sentiment du droit et de la justice et le devoir sacré de secourir le faible et l'opprimé, de combattre le crime et l'oppresseur ?

Et vous, que nous avons toujours traités comme des concitoyens et des frères, vous voulez être chez nous des neutres et des étrangers, et vous pouvez voir déchirer le sein de la France qui vous a nourris, sans pitié et sans secours pour elle ? Eh bien ! la France ne fait pas payer l'hospitalité qu'elle accorde généreusement à l'humanité sans tenir compte du mérite des personnes ; elle ne fait pas le bien pour en être récompensée, elle n'attend pas de la reconnaissance des mendiants qu'elle a secourus, elle n'a pas besoin de vous ni de votre aide pour vaincre ses ennemis. Mais si vous êtes des étrangers pour nos malheurs soyez-le aussi pour nos affaires politiques, ne vous mêlez pas de nos querelles, de nos discussions, qui vous regardent encore moins, si vous ne voulez pas que nous cessions d'être pour vous la nation généreuse et hospitalière !

Je ne parle pas des Allemands, ce nom seul me soulève le cœur de tant d'amertumes, de mépris et de dégoût, que j'aurais peur d'être injuste ! Je ne puis surtout penser, sans un frémissement d'indi-

en guenilles, pieds nus et mourants de faim, et tous besogneux! Tous, pifferari et plâtriers, Italiens, ramoneurs et décrotteurs Savoyards (avant l'annexion), vitriers et horlogers suisses, mécaniciens et terrassiers anglais, peintres et brocanteurs belges et hollandais, pelletiers et tanneurs russes, colporteurs et contrebandiers espagnols et portugais, brasseurs et savetiers allemands, agioteurs et usuriers juifs de tous les pays!...

Tous se sont attachés à la France comme des parasites avides, et ont vécu de sa vie! Tous, comme des frelons affamés, se sont engraissés du miel de nos ruches qu'ils n'avaient pas préparé!

Tous ont profité des institutions, des lois, de la protection, de la bienveillance et de l'urbanité fraternelle de la France, pour dégrossir leur âme et leur intelligence, pour assouplir et humaniser un peu leurs manières, et la plupart leur langage, plus ou moins bestial!

Tous ont profité de la large et généreuse hospitalité de la France pour acquérir des connaissances et du bien-être! Mais si le poil de la bête fauve est tombé, sous le rasoir civilisateur de la France, les instincts égoïstes de l'âme de la bête sont restés; et tous ou presque tous paient la France de la plus noire ingratitude; oubliant qu'elle les a, pour la plupart, sauvés de la misère, et qu'ils lui doivent tous position et fortune.

Pour ces maquignons la France est une vache à lait, qu'ils caressent et qu'ils appellent nôtre tant qu'ils peuvent la traire, mais sitôt que, par une cause ou par une autre, la pauvre bête ne leur donne plus de lait, ils la verraient conduire à l'abattoir sans émotion, sans pitié et sans regret, s'ils n'aident pas eux-mêmes à la mener à la boucherie, pour avoir une part du prix de sa vente !

Cette race de métis, ces hybrides de toutes les races, ces neutres de tous les pays, de toutes les idées et de toutes les opinions, parce qu'ils ne sont d'aucun pays et n'ont d'autre patrie, d'autres idées, d'autres opinions que celles de leurs intérêts. Pour ces cosmopolites du genre égoïsme, dont l'espèce douteuse ne peut être bien déterminée dans la classification anthropologique et sociale ; pour ces citoyens du bénéfice, dont le moi tient lieu de tout l'univers matériel et moral, le meilleur gouvernement de la France est celui qu'ils croient le plus favorable à leurs intérêts sordides ; peu leur importe que ce gouvernement fasse bon marché de la liberté, de la dignité et de l'indépendance de la nation, dont l'asservissement et la ruine les touche peu. Sorte de rongeurs parmi nous ; ils trouvent la grande maison de la France belle et bien administrée tant qu'ils y trouvent des noix à ronger, lors même que le maître du logis en dégraderait les boiseries et les murs, mais ils la trouvent en ruines et prête à couler si elle vient

talité de la France !... C'est en semant criminellement la crainte et le découragement parmi les citoyens qu'ils nous récompensent de notre longue générosité ; c'est en se prévalant de leur titre d'étrangers, pour se soustraire à tout sacrifice, qu'ils nous témoignent leur gratitude ; c'est en se laissant lâchement défendre, eux et leurs biens, par les citoyens qui sacrifient leur vie et leur fortune à la défense du pays, dont ils n'ont eu que les bénéfices, qu'ils prouvent leur dévouement à la France, qui les a comblés de bienfaits ! Et si vous leur dites qu'ils manquent de cœur, que leur ingratitude est hideuse, qu'ils devraient au moins secourir de leurs bourses la France qui les a enrichis, s'ils ne la secourent pas de leur personne, comme ils le devraient, que c'est infâme à eux de se désintéresser froidement des dangers de la France, à laquelle ils doivent : instruction, fortune et considération !

Alors ils nous répondent hypocritement que toutes leurs sympathies sont acquises à la France, qu'ils désirent ardemment notre triomphe, mais que, n'ayant pas et ne pouvant avoir la fibre patriotique aussi sensible que nous, et jugeant plus froidement, ils nous croient, à leur grand regret, dans l'impossibilité de nous défendre !

Mais lâches tartufes que vous êtes, est-ce qu'on n'a pas toujours l'espoir d'éviter le malheur qui menace nos affections ? Est-ce qu'on n'espère

à être occupée par un nouveau locataire, qui tarderait à y apporter des provisions suffisantes pour qu'ils puissent en remplir leurs nids.

C'est ainsi qu'ils sont toujours pour tous les despotismes et pour toutes les réactions, au moindre bruit, au moindre cri de liberté; c'est ainsi qu'ils sont toujours ennuemis, plus ou moins avoués, de la République et des républicains dont ils se font les détracteurs.

Et maintenant sont-ils touchés des malheurs et des dangers de leur bienfaitrice? Font-ils des vœux pour son triomphe? Lui donnent-ils au moins une parcelle de la fortune et du bien-être qu'ils lui doivent, pour l'aider à vaincre? Hélas! maintenant le travail et les affaires étant arrêtées, ils pleurent l'argent qu'ils ne peuvent gagner, et, s'en prenant à la République, le plus grand nombre d'entre eux désirent le triomphe de notre cruel ennemi et une restauration quelconque, qui leur facilite les moyens de s'enrichir encore!

On les entends dire: les uns que nous sommes dans la débâcle, les autres que la Franco est perdue, d'autres que c'est folie à nous de vouloir nous défendre avec quelques mobiles sans habitudes militaires et sans chefs capables, contre une armée innombrable, aguerrie et commandée par des chefs savants.

Voilà maintenant comment ces égoïstes, sans cœur et sans entrailles, paient la généreuse hospi-

pas toujours le succès de ce qu'on désire ardemment ?

Partant, si vous croyez d'avance que nous serons infailliblement vaincus, n'est-ce pas parce que vous désirez, lâchement et criminellement, le triomphe de notre implacable ennemi ? Quel est le patriote digne de ce nom sacré qui croirait que la France pourrait être vaincue ?

Et, si la fibre patriotique n'est pas sensible chez vous, et si vous êtes de sang-froid, comme vous le dites sans pudeur, n'est-ce pas parce que vous êtes indifférents à nos malheurs et que notre écrasement, prévu par vous, vous peine peu ?

Faut-il absolument être né dans un pays pour avoir des obligations de citoyen à y remplir ? et ne doit-on pas plutôt son affection et son concours patriotique à sa patrie d'adoption qu'aux lieu de sa naissance, qu'on n'a pas choisi ? Et si le pays qui vous a vu naître vous rappelle de doux souvenirs d'enfance, combien devraient être grands, dans votre âme, les sentiments de reconnaissance, d'amour et de dévouement, pour un pays où vous avez vécu heureux, où vous avez été traités en frères, comme si vous y étiez né, où vous avez joui, et où vous jouissez de tous les avantages sociaux, matériels et moraux, où vous avez joui, et où vous jouissez de toutes les garanties de liberté, de dignité, de justice et d'indépendance dont jouissent les citoyens ?

Quoi, quand les Cernuschi, et tant d'autres nobles et généreux étrangers, qui ne doivent à la France qu'une gracieuse et fraternelle hospitalité, lui paient largement leur dette de reconnaissance et leur part du tribut qui lui est dû pour toutes les grandes idées qu'elle a prodiguées au monde, vous qui devez à la France vos premiers souliers et votre première bonne chemise, vous pourriez être indifférents à ses malheurs? et peut-être même désirer sa ruine? Faut-il, à la honte de l'humanité, faut-il croire que l'ingratitude est toujours à la hauteur du bienfait et en sens direct de la misère où était celui qu'on a comblé de biens? Car mes verges ne tombent que sur ceux qui doivent le plus à la France et qui la paient de plus d'ingratitude!

Croyez-vous que si je n'avais pas le bonheur d'être Français, je serais moins affligé des malheurs de la France?

Ne suffirait-il pas que je lui doive liberté, dignité, justice et fortune, pour lui être dévoué corps et âme? et quand je ne lui devrais qu'une hospitalité bienveillante et ma part des lumières et de la civilisation dont elle inonde le monde, ne serait-ce pas assez pour que je lui sois dévoué? Et si j'avais le malheur d'être étranger à la France, de naissance et de fait, ne suffirait-il pas qu'elle soit le phare lumineux qui éclaire le monde, l'apôtre dévoué et infatigable de la liberté, de l'égalité, de la fraternité et de la solidarité entre les hommes et

n'est donc pas assez insultée maintenant? L'étranger, dont le sang était insuffisant pour laver l'affront qu'il avait fait à un laquais diplomate, ne mérite plus votre colère, maintenant que ce nouveau vandale couvre le pays de ruines rougies du sang français, maintenant que ce barbare, ivre de sang et de carnage, a l'audace inouïe de souffleter la France avec sa patte boueuse et sanglante de bête féroce! Ah! vous vouliez la guerre à tout prix, quand vous pensiez qu'elle servirait à grandir la puissance de votre ignoble fétiche, sans que vous eussiez à craindre le moindre danger pour vous ni pour les vôtres!

Mais maintenant que vous êtes obligés de payer de votre personne et que vous craignez d'être ruinés ou tués, vous n'êtes plus sensibles à l'abaissement de la France! Maintenant vous n'êtes plus blessés des outrages mortels faits à l'honneur national! Maintenant vous n'êtes plus soucieux de la grandeur du pays! Maintenant peu vous importerait que la France soit avilie, méprisée et réduite, pourvu que vous ne soyez pas forcé d'exposer votre fortune et votre vie, pourvu que vous puissiez faire vos petites affaires, digérer et dormir tranquilles! Eh bien! c'est nous maintenant, nous qui, il y a peu de temps, étions dévoués à la paix; nous qui prêchions et prêcherons encore la solidarité des peuples; nous qui demandions et qui demanderons toujours la confédération des empires, la constitution républicaine et démocratique des Etats-Unis d'Europe !.. c'est nous maintenant qui voulons la guerre, la guerre à outrance, la guerre sans trêve et sans merci; tant qu'il restera à la France une vie d'homme et un écu à dépenser, pour sauver le pays de la honte et de la ruine ! Ah ! c'est que nous comprenons l'honneur et la grandeur de la France, nous, autrement que vous ne les comprenez, et que nous préférons nous ensevelir jusqu'au dernier sous les ruines de la patrie en cendres, plutôt que de subir la loi ignominieuse de l'étranger, que nous devons, que nous voulons exterminer; et que nous exterminerons ! Ce suprême effort sera le dernier sacrifice et la dernière guerre qu'aura à déplorer l'humanité, qui nous devra la conquête de la paix perpétuelle et la réalisation de l'idéal de son avenir et de son bonheur !

Aidez-nous à l'accomplissement de cette œuvre sainte, c'est le seul moyen que nous vous laissons, le seul moyen qui nous reste à tous, pour sauver nos biens et notre vie, en sauvant la patrie.

Venez donc la sauver avec nous !

CHAPITRE XIV.

Les étrangers résidant en France sont, pour la plupart, réactionnaires et ennemis de la République. Et cependant ! presque tous sont venus

gnation et de vengeance à ceux de cette race maudite, que la France a nourris et qui profitent de la connaissance qu'ils ont de la maison qui les a abrités pour en égorger le maître !.. Barbares qui cachent un cœur de tigre, sous une enveloppe apprêtée de forme humaine ! Bêtes fauves, qu'un verni de littérature, de sciences et d'art a déguisés en bons hommes sans changer leurs appétits félins ! Brûtes dont la civilisation a décrotté le poil, assoupli les allures, façonné les manières sans pouvoir apprivoiser l'âme, sans pouvoir adoucir les instints féroces de carnage, de rapine et de destruction ?

Oh ! comment voudriez-vous que je parle de ces êtres ignobles, que je ne puis nommer sans me mordre la langue de rage et de fureur ? Que pourrais-je dire d'assez acéré, d'assez flétrissant pour blesser ces monstres privés de toutes les facultés affectives, et qui ne vivent que de la vie animale ? Quels immondices pourrais-je ramasser dans tous les égouts pour les leur jeter à la face, et qui puissent les salir ? Non ! rien ne peut blesser, rien ne peut salir ces vipères hideuses, à la dent empoisonnée, que la France trompée a échauffées dans son sein, et qui se glissent par la fente de son manteau hospitalier pour la blesser à nu et la tuer !

Oui ! de ces reptiles immondes, nous n'en pouvons parler que pour amonceler notre haine, jusqu'à ce que nous les ayons écrasés sous une pierre, comme on écrase toute bête venimeuse.

Nous n'en parlerons que pour les vouer à l'exécration des hommes et des peuples, pour les attacher au pilori de l'humanité et de la civilisation! marqués au fer rouge de l'infamie!

CHAPITRE XV.

Et vous, républicains attardés? vous qui n'avez pu suivre la course vertigineuse du progrès des idées sociales et politiques; vous qui n'avez pu faire entrer dans votre cerveau étroit toutes les évolutions, toutes les modifications, toutes les transformations plus saines, plus rationnelles et plus équitables, des idées juridiques de la révolution; vous qui, copiant servilement les agissements et les idées d'un autre âge, prêchez systématiquement les mesures exceptionnelles sans motifs, les moyens violents sans nécessité, la suspicion et l'exclusivisme sans raisons suffisantes!..

N'oubliez pas que la république est le gouvernement du suffrage universel, que personne ne peut ni ne doit dominer!

Si vous croyez des mesures exceptionnelles nécessaires, urgentes et opportunes, proposez-les, et la majorité les acceptera, si elle les trouve justes, utiles et praticables; sinon, c'est qu'elles ne seront, à ses yeux, ni équitables, ni opportunes, ni indispensables.

Or, si l'individu et la minorité ont le droit imprescriptible et inaliénable d'émettre, de discuter et de défendre leurs opinions, dans les limites du juste et du raisonnable, et tant qu'elles ne portent atteinte ni aux droits ni à la liberté des autres, la majorité seule a le droit d'adopter ou de rejeter. Ainsi le veut le principe républicain, qui est le principe de justice ! respect absolu de l'opinion individuelle ou de la minorité, qui peut être la vraie ; obéissance absolue à la décision de la majorité, qui doit être la loi intransgressible pour tous, lors même qu'elle se tromperait.

Toute minorité, ou tout individu qui veut imposer son opinion ou sa personne à la majorité, eût-il raison et les meilleures intentions du monde, est un traître et un despote qui attente à la liberté et à la souveraineté de tous, et doit être puni comme tel.

Car la justice sociale n'est pas la justice en soi, la justice de la raison philosophique ; la justice est ce que tout le monde ou la grande majorité croit juste.

Une chose peut être juste en soi et être très-injuste dans la pratique, si elle n'est pas dans le domaine des idées de tous ou au moins de la majorité.

Vous mettez en suspicion toute personne qui n'est pas connue de vous ; et que savez-vous si cette personne n'est pas aussi libérale et aussi dévouée à la République que vous pouvez l'être ? Et ne serait-il pas plus digne d'un républicain de croire ainsi, jusqu'à preuve du contraire, sans exclure la prudence ? Faut-il crier à tous les vents qu'on est républicain, pour l'être ? Mais il n'y a que les ambitieux en quête de popularité qui s'enrouent à crier leurs opinions sur la borne, pour donner une plus-value à leur pauvre individualité.

Les vrais républicains par principes et par convictions philosophiques, ceux qui ne veulent rien de la République que leur part de liberté, de droit, d'indépendance et de dignité, unis au bien qu'elle peut faire à la civilisation et à l'humanité, ceux-là gardent religieusement leur foi et ne font connaître leurs opinions que lorsqu'ils le croient utile et nécessaire aux intérêts de tous.

Pour ma part, je me défie fort de la sincérité et de la solidité des convictions républicaines de ceux qui affichent leurs opinions à tous les coins de rue. L'histoire nous a trop appris que ceux qui se montrent les plus ardents, les plus inflexibles et les plus intolérants d'un parti, sont presque toujours des flibustiers politiques, des traîtres vendus ou à vendre, s'ils ne voient pas jour de se faire une position sortable dans le parti qu'ils font semblant de servir.

Ne faites donc pas de l'exclusivisme à outrance ! Il ne suffit pas qu'un individu ne pense pas comme vous, ou qu'il ne soit pas enrôlé sous votre drapeau, pour que vous vous arrogiez le droit arbitraire et exorbitant de l'exclure de l'église républicaine, comme un réprouvé et un mécréant, au nom de ce que vous appelez le peuple ; mot sonore et creux qui ne dit rien et qui n'en impose plus qu'aux imbéciles!

Qu'entendez-vous par peuple? Où commence-t-il et où finit-il? Est-ce la masse des travailleurs que vous appelez ainsi? Mais alors tout le monde est peuple, ou personne; car, tout le monde de la France moderne est ou a été travailleur, sauf une infime minorité de parasites, que le corps social nourrit, comme tous les corps vivants dont la santé laisse à désirer nourrissent les leurs. Or, cette masse qui est tout le monde, ces travailleurs qui s'appelaient serfs, canailles, vilains, roturiers, peuple, manants, puis tiers-état, sous les régimes du bon plaisir et des priviléges, s'appellent tous citoyens libres et égaux maintenant, sous le régime du suffrage universel.

Et n'est-ce pas étrange, autant qu'attristant pour les démocrates convaincus et dévoués, de voir les travailleurs militants demander à descendre du sommet de l'égalité, où les ont placés la révolution, leurs droits et la justice, pour se classer eux-mêmes dans une catégorie distincte et en quelque sorte inférieure?

L'illustre et regretté Arago (F.) avait dit, sous le régime de l'intelligence des écus, qu'il fallait s'efforcer de changer les blouses et les vestes en habits !

Vous, prétendus chefs ou meneurs des travailleurs, sous le régime du suffrage universel, vous demandez à changer les habits en vestes et en blouses. C'est faire du progrès à reculons, comme l'écrevisse ; c'est faire les affaires des conservateurs et des réactionnaires, et si vous n'êtes pas des leurs, vous êtes des fous ! Violer ainsi les droits et la liberté des citoyens, au nom d'un être imaginaire que vous appelez le peuple, et au profit d'une coterie ou d'une secte, quelle qu'elle soit, fût-elle la majorité, et vos doctrines fussent-elles les meilleures, c'est vous imposer au suffrage universel, au lieu d'attendre sa décision ; c'est faire du despotisme démagogique ou démocratique à la place du despotisme monarchique ; c'est méconnaître que la liberté et l'indépendance de tous les citoyens sont l'essence et la condition vitale de la véracité du suffrage universel et de la légitimité du gouvernement républicain.

De nos jours, surtout, où les idées de conciliation, d'union, de fraternité et de justice, dominent toutes les âmes honnêtes, le mot liberté, qui est le paladium sacré des droits et de la dignité des citoyens, doit être le premier mot de l'Evangile républicain !

Parce que liberté veut dire affranchissement de l'individu, respect, de la dignité, de la personne et des choses de chacun, équité et justice pour tout le monde! parce que le mot liberté ne repousse personne et attire dans son orbite tous les hommes généreux dévoués au progrès, à la civilisation et à la grandeur de leur pays! parce que la liberté, résultant d'un droit primordial, n'existe pas en fait si elle n'existe que par la tolérance d'un despote quelconque, qui peut nous l'ôter! oui! la liberté n'existe pas là où une volonté arbitraire peut limiter le développement et l'exercice de nos facultés physiques, intellectuelles et morales, qui, en droit, n'ont d'autres limites que les droits de nos semblables ou la loi consentie par nous, directement ou par délégation, et en tant que cette loi ne blesse ni les droits d'autrui, ni la justice humaine! parce que, enfin, le gouvernement républicain n'est vrai, juste, impartial et légitime que tout autant qu'il procède de la majorité des suffrages, librement exprimés, et qu'il respecte religieusement les droits, la dignité, les opinions et les aspirations de la minorité, dont les principes peuvent être les vrais et les meilleurs, et devenir plus tard les principes de la majorité et la Bible de l'humanité!

Car les décisions de la majorité, qui doivent faire loi et être respectées comme émanant du seul principe légitime en soi, ne sont pas toujours vraies et justes en fait; la raison démontre *à priori* ce fait attristant, et les iniquités commises par quelques démocraties et par les empereurs romains et français au nom d'une majorité viciée, d'après laquelle ils régnaient, le prouvent *à posteriori*.

Les uns et les autres, au nom de cette majorité qu'ils exploitaient à leur profit, ont blessé tout ce que l'humanité avait de plus saint, et violé les droits les plus sacrés des hommes et des peuples, au bénéfice de leur ambition ou à celui de l'être collectif, à l'être de raison que tous les despotismes appellent le salut de l'Etat !

Ainsi donc, pas de suspicion, pas de suspects, pas d'exclus, pas de réprouvés ! Ne dites pas, comme les catholiques : « Hors de l'Eglise, point de salut, » sans nécessité reconnue, sans danger imminent, sans flagrant délit de trahison. Si vous comprenez l'essence et la valeur du principe républicain, discutez, combattez, réfutez les opinions de votre antagoniste dissident, et cherchez à le ramener à vos idées, si vous les croyez les meilleures; mais faites-le avec bienveillance, en respectant ses croyances et en le traitant en frère, s'il est de bonne foi.

C'est un crime horrible contre l'humanité de violenter la conscience de l'homme pour lui imposer ses croyances religieuses ou politiques !

La conscience, qui constitue la personnalité humaine, est un sanctuaire sacré que nulle puissance ne peut ni ne doit violer ! Tendez donc la main à tous les hommes de cœur que vous croyez réfractaires à la République et ses ennemis, parce que, par un mal entendu, sans doute, ils n'étaient pas républicains hier, et qui, éclairés par nos malheurs, sont aujourd'hui, peut-être, plus républicains et plus patriotes que vous, si vous continuez, par une raison ou par une autre, à vouloir vous imposer au suffrage universel, qui est le seul souverain.

N'oubliez pas qu'en agissant ainsi, vous compromettriez le salut de la République et celui de la patrie !

Courez donc aux armes pour les défendre l'une et l'autre, ce sera plus efficace que de vanter votre civisme et de suspecter celui des autres !

Je répéterai en un mot à tous les Français : pas de divisions sans motifs, pas de suspicion préconçue, pas d'exclusions sans raison, pas d'accusations sans preuves.

De l'union, puis de l'union, toujours de l'union et encore de l'union !

N'oublions pas la devise de nos pères : L'union fait la force et soyons unis ! Soyons unis pour combattre aujourd'hui et pour nous réjouir demain après le triomphe !

CHAPITRE XVI.

A ce moment solennel, d'angoisses et de deuil, à cette heure suprême d'incalculables périls, toutes les forces vives de la nation, toutes les énergies physiques et morales de la France doivent converger irrésistiblement et sans réserve vers un but unique :

L'affranchissement du pays !

Nous ne devons avoir tous, grands ou petits, qu'une seule pensée, un seul souci, une seule aspiration, une seule volonté et une seule passion : chasser l'étranger !

Donc, tout individu qui émet une pensée, prononce une parole, exclame un mot, fait un geste ou un acte capables de nous distraire, de nous détourner, de nous dévier un seul instant, une minute du but sacré : le salut de tous par chacun ; celui-là est traître à la patrie !

Celui qui entrave, celui qui arrête l'élan national, pour faire prévaloir intempestivement ses idées et ses plans, celui-là ne peut être qu'un imbécile, un fou, un égoïste ambitieux ou un vendu à l'étranger ou à la réaction ; quel que soit le masque dont il se couvre, le drapeau qui le pare, les théories derrière lesquelles il s'abrite ; ces théories fussent-elles les meilleures.

Après les épreuves terribles que nous avons traversés et lorsque nous nous débattons convulsivement, prêts à périr sous la griffe et la dent des bêtes féroces auxquelles nous a jeté en pâture un gouvernement de lâches et de traîtres, tout homme de cœur, digne du nom français, ne doit avoir qu'un seul intérêt, une seule préoccupation, le salut de la République et de la patrie ! les seuls objets grands et saints, dignes en cet instant redoutable de notre sollicitude et de notre amour !

Que chacun le sache bien et ne l'oublie pas ! crier par toutes les ouvertures, à travers toutes les fentes et à tous les échos, que nous sommes les plus vieux, les plus purs, les plus ardents et les plus éprouvés des républicains, ne prouve pas l'excellence de nos principes, notre désintéressement et notre dévoûment républicain ! Nous ne prouverons tout cela qu'en servant la République et le pays avec abnégation, avec zèle, avec énergie, simplement, modestement, sans emphase, sans forfanterie, sans surfaire à nous même et aux autres notre petite valeur personnelle, sans nous poser en homme d'Etat et en sauveur !

Les hommes d'Etat ne s'improvisent pas et les sauveurs ne sont plus de saison, qu'ils traînent la pourpre ou la guenille ! Les uns et les autres se sont démodés eux-mêmes ; les premiers, par le dégoût de leurs méfaits, les derniers, par le ridicule de leurs folies ! Maintenant, l'homme d'État, c'est la pensée et la volonté du suffrage universel, condensées dans ses représentants ; et le sauveur héroïque et invincible, c'est tout le monde ! c'est la nation ! c'est la République !

Ce n'est pas non plus en croyant et en disant nos idées meilleures et en voulant les faire triompher à tout prix que nous sauverons la République !

Nous ne la sauverons qu'en lui faisant le sacrifice de nos rancunes, de notre égoïsme, de nos convoitises, de notre orgueil et de notre ambition ! Nous la sauverons en prêtant, sans réserve et sans arrière-pensée, notre concours loyal et empressé aux hommes dévoués qui sont la tête et le cœur de la défense nationale ! à la République qui seule peut et doit nous sauver !

Ne nous faisons pas d'illusions, ne flattons pas notre vanité, ne nous berçons pas de chimères ! N'espérons pas par ce temps de hideuse réalité, de cruels mécomptes et d'amères leçons ou chacun voit et veut voir clair ! n'espérons pas nous faire prendre au sérieux, faire écouter nos rêves et faire croire à notre dévoûment et à notre patriotisme, en enflant nos mérites, en vantant nos plans et nos moyens et en voulant nous imposer à tous, parce que nous aurions la folie de nous croire les plus capables ! Il ne suffit plus par ces temps de positivisme scientifique et philosophique, qui tue le prestige des mots et le fétichisme des personnes, il ne suffit plus de se hisser sur des échasses pour se donner la taille des géants de la Convention ! Il ne suffit plus de gonfler sa poitrine poussive, et de chercher à imiter la voix tonnante de Danton, la voix rauque de Marat, ou la voix stridente de Robespierre, devant quelques comparses ou quelques dupes, pour faire croire à la supériorité de son intelligence, pour prouver son civisme, et affirmer sa coopération effective à la défense de la République et du pays !

Ce n'est pas non plus en choisissant chacun l'arme, l'emploi, la fonction et le poste qui nous convient, qui flatte notre orgueil, qui satisfait nos intérêts égoïstes et notre ambition, que nous briserons le cercle formidable de fer et de feu, qui enserre et étreint la patrie pour l'étouffer! Non! nous briserons ce cercle infâme des piques et des lances des barbares qui n'en imposent qu'aux faibles et n'effraient que les lâches, nous le briserons en acceptant tous l'arme que les hommes compétents nous donnent, en remplissant virilement l'emploi qu'on nous confie, et en courant prendre notre place au lieu qu'on nous assigne, fût-il le plus obscur et le plus périlleux !

CHAPITRE XVII.

Serrons-nous comme un seul homme autour des hommes du gouvernement de la défense nationale, qui est, doit être et rester le centre unique d'activité et de direction de toutes les forces matérielles et morales de la nation, pour sauver la République et le pays, tant qu'une héroïque et éclatante revanche n'aura pas fait sortir la France, glorieuse et triomphante, du gouffre effroyable où l'ont précipitée l'incurie et les turpitudes d'un gouvernement infâme ! Et tout individu qui dit ou fait quelque chose de nature à diminuer, à compromettre l'autorité morale de ces hommes d'abnégation doit être cloué au pilori de l'opinion publique et de la justice du pays, comme lâche et traître ! La puissance de ces hommes d'intelligence et de cœur, étant toute dans leur dévouement et dans la force morale que nous leur prêtons tous, par un concours sympathique autant qu'obligatoire, celui qui cherche à l'affaiblir par sottise ou par calcul trahit le pays !

Sans doute, les hommes du gouvernement ne sont pas infaillibles, et je suis plus que persuadé qu'il n'envient pas au Pape ce privilége lourd de ridicule ! mais, personne, s'il n'est un seïde fanatique de réaction ou un instrument vénal de l'étranger, personne ne mettra en doute leur dévouement ni leurs efforts surhumains pour sauver le pays !

Ne payons donc pas, comme toujours, par une hideuse et lâche ingratitude les hommes généreux qui se sacrifient au salut commun ! N'oublions jamais que tous pouvaient se tenir dans la quiétude d'un doux bien-être ; enveloppés comme tant d'autres dans un moelleux égoïsme, et que l'amour de la justice, du bien et du beau, l'amour de la liberté et de la patrie, les a seul poussés au sacrifice ! Imitons leur noble exemple, sans hésitation, sans faiblesse, sans divisions, sans méfiance ;

avec abnégation, avec courage, avec énergie, avec audace; chacun selon nos moyens et nos aptitudes; et nous sauverons infailliblement la République et le pays!

Transformons une partie de notre fortune en canons, changeons notre or en fer, en plomb et en fonte, pour en écraser l'ennemi! Courons tous nous jeter sur la brèche que le barbare aura faite aux remparts de la patrie, pour l'empêcher d'entrer! Réunissons nos vies en une immense avalanche vivante pour en étouffer l'étranger! Vouons à la honte et à l'infamie les lâches et les traîtres qui parleront de paix!.. Tant qu'un seul de nos avides et rapaces envahisseurs souillera notre sol, il n'y a plus d'accommodement, d'arrangement ni de paix possibles entre nous et notre cruel ennemi! Il faut que l'une des deux races écrase fatalement l'autre! car, si les barbares et leur orgueilleux roi, au paroxysme de l'enivrement du triomphe et de la rage de la rapine et de la conquête, emploient les moyens les plus atroces pour nous anéantir, nous, nous devons être au paroxysme d'une immense indignation, d'une légitime fureur de vengeance! si nous sommes des hommes animés et éclairés de l'étincelle divine qui nous sépare du pourceau, qui se plaît dans la fange! Tous nous devons sentir au cœur la morsure de la honte et de l'ignominie qui nous atteint chacun dans tous. Il faut que nous soyons tous pénétrés de toute l'étendue du devoir sacré qui nous incombe ! il faut que nous soyons tous, comme la sybille antique, saisis d'un saint enthousiasme, d'une sublime exaltation de dévouement, pour défendre nos foyers, nos biens, nos femmes, nos enfants, notre honneur et le sol sacré de la patrie, et nous vaincrons ! Nous vaincrons, parce qu'il faut que nous soyons vainqueurs à tout prix ! oui ! il faut que nous soyons vainqueurs !.. parce que, de ce duel implacable, devenu un duel à mort par la déloyauté et les convoitises d'un ennemi avide et féroce, la France ne peut sortir que déchirée, sanglante, démembrée et anéantie, ou triomphante, régénérée, transfigurée et moralement plus grande et plus majestueuse que jamais !

Y a-t-il en France un lâche qui hésiterait à jeter dans la balance de la patrie le poids de son dévouement, pour la sauver et la grandir ainsi ? ou pour la laisser déshonorer, avilir et périr ? Non ! malgré les préjugés et les superstitions abrutissantes de la Restauration ; malgré l'égoïsme délétère du gouvernement de Juillet ; malgré les agissements hideux des deux empires pour corrompre et asservir la nation ; malgré tous les jours néfastes qui ont attristé et quelquefois découragé la grande âme du pays, la France n'est ni assez corrompue, ni assez pervertie, ni assez dégradée, ni assez avilie pour être vaincue ! S'il y a des vieillards dont le cœur a été atrophié par la corruption monarchique, gangrené par la morsure du serpent de l'ambition, ou rongé par la rouille de l'égoïsme, les jeunes sont purs et généreux! le génie de la France échauffe leur âme et les enflamme d'un noble dévouement et d'un héroïque courage, qui ne peut être vaincu par les hordes pillardes du roi Guillaume!.. Une grande nation libre et digne de l'être, ne peut être vaincue! Un grand peuple résolu à mourir pour échapper à la honte ne meurt pas, il renaît à la vie ou se transforme, s'il est mourant!

CHAPITRE XVIII.

Ah! monsieur de Bismark, vous avez cru la France dégénérée, avilie et prête à vous demander merci, comme une vieille femme, parce que, toujours sans crainte, insouciante et dédaigneuse, elle s'était laissée surprendre par vous; engourdie et paralysée qu'elle avait été par le charlatan infâme qui vous l'a livrée, après l'avoir éthérisée et empoisonnée, sous prétexte de la guérir d'un mal qu'elle n'avait pas, pour mieux l'asservir et la voler! Vous l'avez crue terrassée à jamais et prête à râler le dernier soupir sous le pied sacrilége et profanateur de votre maître, parce qu'un vil histrion vous a demandé grâce, la tête baissée et des larmes dans la voix! La lâche et ignoble humiliation de ce bandit déguisé en empereur a illusionné et ébloui vos yeux de lynx, monsieur le chancelier; comme elle nous a incendiés d'indignation, de mépris et de haine pour ce cadavre vide qui n'a plus de nom! Etre né Français, à la lumière éblouissante de la cité soleil qui rayonne dans le monde toutes les idées d'héroïsme et de grandeur morale! avoir été bercé à l'ombre des lauriers teints du sang d'un million de héros tombés dans cent batailles, et au bruit du canon de cent victoires! avoir reçu le nom de Bonaparte, porter l'épée du grand démolisseur et créateur d'empires, du grand massacreur d'hommes et destructeur de peuples! se dire le neveu et le successeur de l'homme fatal qui s'appela Bonaparte, puis Napoléon! vouloir imiter ce colosse de génie, de vaillance, d'orgueil et d'ambition, qui fit trembler l'Europe et changea les valets en rois et les rois en laquais!!! être ou vouloir être tout cela! avoir usurpé la puissance de la France, en disposer en maître et rendre son épée sans la tirer du fourreau! être tout cela et livrer une armée de héros, qui n'a eu d'autre tort que de lui obéir! être tout cela et fléchir le genou, se courber jusqu'à terre et, le front dans la boue, demander pitié et merci!!! ô honte et malédiction éternelles!

Il n'y a pas d'exemple, dans les annales du monde, d'une pareille infamie!

Le Sardanapale antique, s'il ne sut pas se défendre, sut au moins mourir en héros! Celui-ci n'a su que corrompre et dégrader la nature humaine, dans les autres et dans sa personne! Cet homme sans cœur et sans entrailles n'était pas Français!

Oui! c'est à regret que je donne accès, dans mon âme, à la chronique qui entache l'honneur d'une noble femme française; mais cet homme, qui n'a rien de la loyauté ni de l'héroïsme chevaleresques du Français, rien de la rude franchise, de la mâle fierté, ni du courage froid de la race dont il a volé le nom,... non, cet homme n'est pas Français! ce n'est que le bâtard d'un homme des frimats! Oui, c'est un des vôtres, monsieur de Bismark, que vous avez capturé en prenant ce jongleur empanaché, dans lequel vous avez cru prendre la tête et le cœur de la grande nation, parceque ce chef de bande avait surpris la France dans un moment de défaillance, affolée de peur, effrayée de sa propre voix, et épouvantée de son ombre, et l'avait terrassée, bâillonnée et asservie, à l'aide de ses bandits et du nom fatidique qu'il portait!

Ce nom légendaire a pesé sur nous pendant quinze, puis pendant vingt années, comme une masse de plomb! il a étouffé nos cris, nos plaintes et nos malédictions, et nous a privés d'air, de lumière et de mouvement!

En nous délivrant de l'homme et du nom, monsieur le chancelier, vous nous avez délivrés du plus grand fléau qui ait jamais fondu sur la France, sans vous excepter vous-même!

Car, pour nous, vous, vous n'êtes que la force qui ravage et qui tue, mais que nous pouvons tuer et que nous tuerons; tandis que ce nom maudit était un météore dont la fausse lumière troublait la vue de la France, et l'homme qui le portait était la fourberie, l'hypocrisie et le mensonge qui corrompent, qui abaissent, qui pervertissent, qui dégradent et qui tuent l'âme d'une nation loyale et généreuse!

En capturant ce chat-tigre, à l'œil terne et fauve, vous avez arraché à la France le polype immonde qui s'était attaché à elle et étouffait son âme et son intelligence! vous avez extirpé de son sein le cancer gangréneux qui ulcérait son cœur! vous avez détaché d'elle le vampire qui suçait son sang, sa fortune et sa vie! vous l'avez débarrassée de la lèpre hideuse qui la dévorait!.. vous avez, enfin, enlevé la dalle sépulcrale qui scellait le tombeau dans lequel elle était ensevelie vivante, prête à périr par manque de chaleur et de lumière; vous l'avez rendue à elle-même, à sa liberté, à son activité, à son héroïsme invincible, à son apostolat intellectuel, moral et civilisateur, à son génie enfin! Merci! nous ne sommes pas ingrats, et, malgré notre haine, malgré notre juste et impérieux besoin de vengeance pour vos forfaits, nous vous en tiendrons compte, lorsque nous réglerons les frais des funérailles de votre armée!

Car, maintenant que vous n'avez plus affaire au

lâche qui avait la prétention inouïe, la prétention insensée de représenter, à lui seul, le génie et l'intelligence de la France ; maintenant que vous avez affaire à la France, à toute la France, à la France seule, défendant ses foyers, sa dignité et son honneur ; maintenant, Vandales modernes, maintenant entourez-vous d'un rempart de chariots, de lances et de piques, comme l'Attila antique, votre ancêtre et votre émule, le fit contre nos pères ; cela ne vous empêchera pas d'être vaincus comme lui !

CHAPITRE XIX.

Vous l'avez pris de haut, monsieur le chancelier, avec notre Jules Favre ; vous avez cru follement qu'il venait auprès de vous en solliciteur, en suppliant, implorer humblement votre générosité, votre clémence, votre pitié pour la France, parce que vous aviez surpris dans l'œil émotionné de ce noble cœur les larmes furtives que lui arrachait une sainte et amère douleur patriotique, de fierté blessée, d'indignation concentrée, de colère contenue ! Ces émotions, ces douleurs, ces larmes civiques, vous étiez incapable de les comprendre, et vous les prîtes pour des signes de faiblesse, de défaillance et de désespoir !

Les valets des despotes n'ont pas de patrie et ils ignorent tous les sentiments doux ou cruels, joyeux ou tristes, généreux et fraternels, ou terribles de haine et de vengeance que le nom de patrie éveille dans une âme honnête, dévouée, fière et indépendante !

Pour vous, esclave d'un maître, pour vous qui portez avec fierté les insignes de votre servitude, comme le dernier des valets porte la livrée de la maison qu'il sert et qu'il balaie, pour vous la patrie c'est le maître que vous servez, et vous lui sacrifiez sans crainte, sans pitié et sans remords la fortune, la vie et l'honneur de votre pays et le pays des autres; pour grandir sa puissance et devenir valet d'une plus grande maison !

Aussi, vous n'avez pu voir ni comprendre, drapé que vous étiez dans votre suprême orgueil de jongleur politique, vous n'avez pu voir ni comprendre que ce grand citoyen, qui s'appelle Jules Favre, était le rocher granitique du patriotisme, de la liberté, de l'honneur et de l'indépendance de la France, contre lequel est venu échouer et se briser le vaisseau qui portait votre politique astucieuse et la fortune de votre maître !

La continuation de vos agissements féroces n'ayant plus de motifs plausibles et ne pouvant plus avoir d'autres buts que la dévastation, le vol et la conquête, M. Jules Favre savait bien qu'il ne pouvait trouver auprès de vous que des prétentions folles et des propositions déshonorantes, que la France ne pouvait accepter et n'acceptera jamais que comme un sanglant outrage à vous renvoyer, dût-elle s'ensevelir jusqu'au dernier homme sous les ruines fumantes de toutes ses villes en cendres !

Ce que M. Jules Favre voulait de vous, c'est ce qu'il a obtenu, et il ne pouvait vouloir autre chose : prouver, à l'Europe et au monde civilisé, que vous voulez, vous et votre maître, l'anéantissement de la fortune, de l'honneur, de la puissance et de la grandeur de la France !

Or, si vos prétentions insensées vous ont mérité et conservé les bonnes grâces des despotes qui désirent avec ardeur l'abaissement de la France, dont les idées d'humanité, de fraternité, de solidarité, de liberté et de progrès, font trembler leurs trônes et osciller leurs couronnes depuis un siècle, la réponse de M. Jules Favre, noble, digne, fière et française à tous les points de vue, nous a valu l'admiration et l'estime de tous les gens de cœur, et les sympathies de tous les peuples qui s'inspirent de nos idées et de nos exemples de liberté, de justice et d'indépendance ! Déjà les plus nobles, les plus purs et les plus héroïques patriotes de tous les pays, dignes de la liberté, accourent nous apporter l'appui de leurs bras, par dévouement fraternel et humanitaire, et parce que notre cause est leur cause et la cause de l'humanité et de la civilisation !. parce que Paris est la tête et le cœur du monde civilisé et du monde barbare, qu'il éclaire des rayons lumineux et fécondateurs de son industrie, de sa science, de sa littérature, de sa philosophie et de son amour infini pour la justice et la liberté, et que ce foyer, éblouissant de lumière intellectuelle et morale, ne pourrait s'éteindre sans plonger l'univers dans les ténèbres !

CHAPITRE XX.

Ah ! vous avez cru, monsieur le chancelier, avec la perpicacité des diplomates qui ne voient jamais que les potentats et leurs laquais enrubannés, et comptent pour rien les peuples et les nations! vous avez cru que le héros de Strasbourg et de Boulogne pris, aucun obstacle ne pouvait plus vous empêcher de conduire votre maître aux Tuileries !.. Vous avez cru le redoutable lion dont les vôtres avaient senti autrefois l'étreinte, vous avez cru l'indomptable lion, affaibli par l'âge, sans force et sans énergie, privé de griffes et de dents, parce qu'insouciant, étendu sur l'herbe, le museau allongé sur les pattes il s'est paresseusement contenté de rugir à votre approche et s'est laissé blesser par vous par derrière !.. Enhardi par ce succès dû à une surprise que vous n'espériez pas sans doute, vous avez eu l'audace de le poursuivre, en flairant son sang, jusqu'à son fourré royal, où vous espériez le trouver mort et vous parer de sa dépouille ! Un rugissement terrible de douleur, de haine et de vengeance vous a fait frissonner et reculer d'épouvante, en vous apprenant qu'il vivait et pouvait vous dévorer encore !

Maintenant, écoutez ce bruit saccadé, semblable à une détente de vapeur, s'échappant d'une immense machine en travail; c'est le bruit de la respiration haletante du lion, fatigant à s'aiguiser les ongles, pour vous mettre en lambeaux !

Ecoutez ces coups cadencés, semblables aux coups d'un gigantesque bélier contre un rempart; c'est le lion, qui se bat les flancs avec la queue, s'allongeant pour bondir, et vous saisir à la gorge !

Ecoutez ce craquement sec et répété, semblable au craquement d'une montagne qui s'écroule par secousse ; c'est le lion qui broie les os de votre meute de chacals, entre ses féroces et infatigables mâchoires !

Ecoutez encore ce bruit formidable, semblable à un effroyable tonnerre, grondant autour de l'horizon, dont vous êtes le centre ; c'est le rugissement immense et continu du lion qui retentit autour de vous, d'écho en écho, comme le glas funèbre de votre dernière heure !

Oui ! le lion terrible se dresse maintenant, blessé et sanglant, la rage aux dents et la vengeance au cœur ! Oui ! maintenant toute la France est debout, majestueuse de fierté, de dévouement, de courage et d'audace ! Paris, l'incomparable, l'héroïque Paris, n'a plus qu'une âme et une volonté, vous étouffer, sous une pluie de fer et de plomb !

Et les départements n'ont qu'une pensée, une espérance, vous enfermer dans un cercle inexpugnable ; en vous poussant, en vous pressant, en vous refoulant, en vous pourchassant toujours, jusqu'à ce que vous soyez acculés et réduits aux abois, comme des bêtes fauves, sous les murs de Paris, ou à la portée du bras puissant de la vaillante cité ! Alors, nous serons les maîtres d'être miséricordieux par respect pour la vie humaine et pour l'humanité, que vous déshonorez ! ou, si la morale, la justice, ou la paix du monde l'exigent, nous serons inexorables ! nous vous châtierons aussi impitoyablement que vous l'aurez mérité ! Oui ! pas de paix ; on ne traite pas avec les brigands, on les extermine ! Honte et infamie aux lâches et aux traîtres ! mépris, sans limites, aux orgueilleux égoïstes, dont le faste cache mal le vide de leur âme et la petitesse de leur vie ! Laissons-les tous se vautrer dans la fange de leur égoïsme, pleurant la paix à tout prix ! faisons notre devoir avec toute l'énergie du sentiment, du droit et de l'honneur outragés, et nous vaincrons notre redoutable ennemi, le roi Guillaume !

Et les ossements de ses cohortes sanguinaires, et les siens, nous serviront à faire de la chaux, pour boucher les trous qu'ils auront faits à nos maisons. Et nos physiologistes déplisseront leurs cerveaux, pour se rendre compte de leur organisation mentale et connaître, dans les limites accessibles à la science, la cause déterminante de leur férocité de tigre! Ah! roi Guillaume, vieillard en démence d'orgueil et d'ambition! ah! vous nous avez jeté votre couronne en défi, soit! que votre destinée s'accomplisse! nous vous étoufferons sous le poids de notre bonnet phrygien! Et nous briserons votre couronne sur votre crâne vide, comme nous en avons brisé tant d'autres!

Oui! nous broierons à la fois votre crâne et votre couronne, sur la montagne de cadavres humains que vous amoncelez sans cesse, pour escalader le trône chimérique d'empereur d'Allemagne; et la postérité vous clouera aux gémonies de l'histoire, entre les deux Bonaparte, comme les trois plus grands scélérats des temps modernes, dont les effroyables méfaits auront affranchi l'humanité pour toujours du prestige malsain, délétère et dégradant du pouvoir monarchique!.. Oui, Napoléon Ier a submergé la monarchie sous l'immense débauche de son génie malfaisant et de sa gloire homicide, dont le faux éclat n'a pu voiler sa trop coupable origine et ses forfaits; comme la crinière et l'allure majestueuses du lion ne peuvent assez dissimuler sa férocité! Napoléon III a enfoui la monarchie dans le bourbier de toutes les lâchetés, de toutes les trahisons et de toutes les infamies, d'où il l'avait tirée, et sa fin abjecte n'a fait que mieux connaître toutes les atrocités de son élévation criminelle, de sa domination inepte, hypocrite, tyrannique et honteuse, et de sa chute ignominieuse; comme le serpent dont les dangers de son voisinage et de sa présence ne sont bien connus que par ses morsures vénimeuses et mortelles !

Et vous, roi Guillaume ? vous avez noyé la monarchie, et la Providence que vous invoquez toujours, dans le cloaque infecte et horrible de l'orgie du massacre et du carnage, où vous vous vautrez comme une bête fauve, flairant le meurtre et salivant à l'odeur du sang humain, en bavant l'ivresse et en vomissant l'excès de votre gloutonnerie de brute; comme le pourceau qui se vautre dans la fange de ses propres ordures, bavant les déjections humaines dont il s'est trop repu !.. Et après tous les abominables forfaits de vous trois, fléau des humains, pourrait-il y avoir encore des partisans de la monarchie ? non ! non ! Désormais les idiots seuls pourront vouloir des rois, pour en être pressurés, volés et assassinés, et les brigands, les pirates et les anthropophages des chefs tels que vous, qui les conduisent à la rapine, au brigandage et au massacre des hommes pour s'en repaître !.. Aucun peuple qui s'est émergé de la barbarie, nulle nation un peu civilisée ne voudra plus supporter le fardeau écrasant, démoralisateur et abrutissant de la royauté, après l'avoir vue chargée de tous les crimes et dégouttant les saletés et les immondices de toutes les turpitudes et de tous les vices dont vous l'avez couverte ; à vous trois, qui avez été maudits par les hommes, damnés par le ciel et condamnés par Dieu à tous les supplices éternels !.. Maintenant, roi Guillaume, maintenant les démons chauffent leur épouvantable fournaise, et Satan, qui est sans doute la Providence que vous appelez à votre secours à chacun de vos crimes, Satan attend votre âme sale et criminelle et l'âme ignoble de Napoléon III, pour les calciner sur le terrible gril infernal, où fume l'âme injuste et despotique, mais grande et fière, de Napoléon Ier, et où brûlent et brûleront éternellement toutes les âmes viles et cruelles de vos semblables, passés, présents et futurs ! Puisse Lucifer ne pas trop attendre la vôtre, que nous lui enverrons bientôt en brisant, en dépeçant votre corps usé par les ans, ruiné par la débauche et pourri par les vices !..

Alors, avec les débris sanglants du million de bêtes féroces que vous avez déchaînées sur nous, à la curée de nos biens et de notre vie, nous vous bâtirons le trône impérial, digne de votre soif intarissable de sang et de votre avidité insatiable de carnage ! et sur cette effrayante hécatombe de chair humaine, pantelante, nous carboniserons vos restes immondes et palpitants !

Et les tourbillons de la fumée lugubre qui s'élévera du feu sacré de cet auto-da-fé terrible, autant que nécessaire et légitime, que nous offrirons à la France en deuil, pour la consoler de tous les outrages et de toutes les blessures mortelles que vous lui avez faites, seront agréables au ciel et à la terre et plairont à Satan pour en avoir vos âmes ! Et les flammes sinistres qui s'échapperont du saint brasier de cet holocauste épouvantable, mais juridique et salutaire, que nous offrirons à la liberté, à l'honneur, à la justice et à la vie humaine, que vous avez profanée, violée, blessée et brisée, combleront de joie tous les peuples civilisés, qui n'auront plus à redouter la tyrannie sauvage et le retour à la barbarie, dont les menacent vos monstrueuses iniquités, qui font frissonner l'univers attristé !

Et les cendres brûlantes de cet immense bûcher expiatoire, qui aura dévoré vos chairs et les chairs de vos hordes rapaces et meurtrières, nous les jetterons au vent pour en désinfecter notre atmosphère de vos exhalaisons méphitiques et de votre haleine fétide, pour en purifier notre sol de toutes les souillures sacriléges dont vous l'avez pollué et pour en réjouir et rassurer le monde des honnêtes gens, anxieux de crainte et d'espérance, pour nous et pour toute la famille contristée ! Et, à la plus grande satisfaction et pour le bonheur ineffable de tous les hommes de cœur, dévoués au progrès, à la liberté et à la justice, émus, mais non intimidés par vous, nous ferons du noir animal des restes de vos os, des os de vos bandits déprédateurs et assassins et de ceux de tous les monstres couronnés qui, comme vous, oppriment, volent, ruinent, égorgent et désolent l'humanité ! Ainsi sera fait !

FIN.

www.ingramcontent.com/pod-product-compliance
Lightning Source LLC
LaVergne TN
LVHW020354230826
846091LV00003B/1108